LOCUS

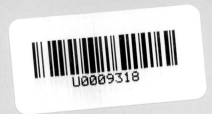

LOCUS

LOCUS

L O C U S

mark

這個系列標記的是一些人、一些事件與活動。

mark 182
訪茶：一位英國女士的十五國覓茶奇遇
作者：漢麗耶塔・洛弗爾（Henrietta Lovell）
譯者：莊安祺
審訂：池宗憲、簡瑋婷
責任編輯：張晁銘
美術設計：Bianco Tsai
排版：陳政佑
校對：李亞臻
出版者：大塊文化出版股份有限公司
台北市 105022 南京東路四段 25 號 11 樓
www.locuspublishing.com
讀者服務專線：0800-006689
TEL：(02) 87123898　FAX：(02)87123897
郵撥帳號：18955675
戶名：大塊文化出版股份有限公司
法律顧問：董安丹律師、顧慕堯律師

Infused: Adventures in Tea

總經銷：大和書報圖書股份有限公司
地址：新北市新莊區五工五路 2 號
TEL：(02) 89902588　FAX：(02) 22901658

初版一刷：2023 年 4 月
定價：新台幣 500 元
ISBN：978-626-7206-94-2
Printed in Taiwan

一 位 英 國 女 士 的 十 五 國 覓 茶 奇 遇

訪

Adventures in Tea

茶

Infused

Henrietta Lovell

漢麗耶塔・洛弗爾　著
莊安祺　譯

以茶設人生饗宴，激盪出無數味覺之旅

文／三徑就荒主理人 簡瑋婷 Vicky

前兩年，我寫過一篇關於林文月《飲膳札記》的專欄，書中林文月分享了許多平時家中宴客的拿手菜餚。《飲膳札記》之所以堪稱近代文學中的食記經典，是因為它看似是本食譜，內容卻沒有標準化的流程、生冷的數據，更不是自吹自擂廚藝如何高超，單純是一位「私廚」主廚、主人，悉心照料家人、摯友、師長口腹的過程。每場私宴林文月根據來客特性安排菜色，決定烹調與上菜的順序，甚至用小卡記錄下日期與賓客成員，避免大家吃到重複的菜餚。舊時月色下的文人們，一生細細做一門衷愛的學問、深深認識幾個人，每場相聚都精彩，都是故事。觸動於美食家筆下的人情菜香之際，不免慨歎冷僻如茶，如何也能寫出這樣一本滿紙溫情，引人入勝的茶書？

初學茶的十年內，坊間所有茶書約莫都讀遍了，從百科全書般羅列記實的器皿形制、茶種知識、到形而上的茶席美學，都是矇懂年歲的滋養，初生之犢的嚮往。然專業素養逐漸奠定固然踏實，想從中找到《飲膳札記》那股人情味，讓即便身為門外漢亦能被感染的悸動卻不容易。

茶相較食膳，或許看似材料單薄，要論述起泡茶過程，總不如做道紅燒獅子頭、蔥烤鯽魚來的繁複講究。然而茶的趣味在於，它能獨飲、能入菜、能配菜、能調酒，在飲膳風氣大興的當代，能玩的也不少。台灣早在十多年前就有調酒師以茶入酒拿下國際獎項，但往往受限於對茶葉及萃取方式的理解，加上難以找到廣泛又有足夠品質的原料，難免讓人惋惜巧婦難為無米之炊。因此，六年前剛成立茶品牌三徑就荒的時候，我們就決定，店裡必須有茶酒，真正能使茶與酒為彼此加分的茶酒，同時也找了當時圈內小有名氣的調酒師一同合作。

那位調酒師同時也是位模特，最早認識是二〇一七年二月，我的課堂上。簡素的扮相壓不住天生的舞台魅力，老遠就看到他戴著帽子安靜獨坐在那。開課後他抬起頭，清瘦的臉上，一管鷹鼻像調酒師手中的長吧勺那樣直挺，學習時的眼神是真正熱愛一件事才有的認真莊寧。他說自己不懂茶，製作茶酒全憑直觀的味覺，也正是為了把酒做得更好才來學茶。

課間漸漸發現，他的味覺天生敏感細膩，對於氣味的記憶聯結也靈巧，喝到普洱，便聯想到蕈菇、土壤；喝到重烘焙、重發酵的武夷岩茶、鐵觀音帶來的木質調酸香，立刻想起了孩子時候吃到的仙楂糖。一同創作的過程，我們從茶的風味與特質出發，絞盡腦汁在酒中展現茶的前中後味，找來性格相似的基酒相襯，並以茶為酒增添更多香氣的延續，也欣喜即便跨界，味覺仍是大家共同的記憶，一場英雄惜英雄的遊戲。

讀英國茶品牌珍稀茶公司創辦人漢麗耶塔・洛弗爾（Henrietta Lovell）的《訪茶：一位英國女士的十五國覓茶奇遇》，從城市切入記錄了她在各地探尋好茶所遇的人事，以及以茶為主軸，在餐、酒間激盪出的無數味覺之旅。洛弗爾女士真是位茶痴，那樣遙遠的國度、那樣格格不入的民族和語言，幾十年間硬是踏足了世界各個想都想不到的茶區。從在福建荒僻的機場，令茶農大失所望居然是個女人的外國買家，熬成了能在武夷山溫先生家中同桌吃上十幾道菜、一碗熱騰騰的米飯，相知相惜的事業夥伴。

當中洛弗爾女士為幾間知名餐廳選茶搭餐的經歷既瘋狂也有趣，一次廚師研討會上結識了同樣為星級餐廳供應海產的漁夫羅迪後，為了實驗如何以茶搭配最新鮮的貝類，兩人相約在十二月，日頭幾乎永不升起天寒地凍的北歐，漂搖蕩漾毫無遮蔽的船上一面抖著手泡茶，一面品嚐剛從海水中撈起的海膽。洛弗爾女士以六十度溫而不燙的白牡丹茶來佐海膽，白牡丹嚐起來像青草、像清淡如黃芪、甘草等中藥的風味，也有著些許甜話梅的甘甜，清爽卻較綠茶更沉郁甜美，恰好烘托了新鮮海膽的鮮甜活潑。

一次為了說服一群固執的巴黎主廚們，香檳之外，茶能提供魚子醬另一個不含酒精卻同樣精彩的可能，洛弗爾女士努力維持尴尬卻不失禮貌的笑容，以她對茶的熱忱及專業，硬是讓雙手叉胸原先不願買單的主廚們，最後拋出了一句「超酷」的評價。白鱘魚的魚子醬帶有秋葉和濕潤森林的氣味，她選擇普洱熱茶作為搭配。雲南是全世界茶樹的發源地，千年古樹林立，古樹茶時常帶來苔蘚氣息和呼吸著山中薄霧般的清涼感，想來就是絕妙的組合；貝禮鱘魚子醬則用喜馬拉雅錫金高山茶襯托，錫金位於喜馬拉雅山脈，大吉嶺的北方，這一帶是世界上最大的小葉種高山紅茶產區，不同於中國、台灣的大葉種紅茶瑰麗張揚而澀感較顯著，小葉種紅茶細緻而幽婉，春摘紅茶湯色疏淡，風味甚至像是多了花果香的白茶，搭配起魚子醬的逸趣或許真不亞於香檳。

在武夷山洛弗爾女士為了正山小種拜訪的溫先生應該是溫永盛先生，馬尾松禁採後，傳統煙熏小種逐漸式微，為了再創桐木關紅茶的盛況，共同研發出更精貴的金駿眉六位製茶師之一。闔上書，記憶在茶香的氤氳中踏回疫情前每年四五月我們必訪的武夷山，初春微寒，丹霞地貌的風情，大王峰、玉女峰翹首相望卻永世睽隔的淒楚故事想來很美，孰不知首次前往，走在內鬼洞陡峭到只能坐在地上以滑梯方式下山的崎路上，我滿腦子只有「不知道救援直升機來不來得了……」看著身旁健步如飛還能一面電話洽公的茶農們，我佩服得直說今後後買茶再也不殺價了！

人生因為有熱情，才讓精彩的人相聚相惜，把彼此的三萬多天活得更有滋味。常覺得能創作的人很幸福，因為有說故事的能力，讓一切不被忘記。林文月在女性的一方小天地裡記下了那一代文人間最家常的溫情，也讓從未有幸登上那條文化扁舟的我們，無限遙想前人的風采；洛弗爾女士則靠著對茶的執著遊遍世界，跨越民族和文化廣結至交，留下這些珍貴而細膩的味覺記憶。台北的冬天雨香雲澹，能以這份真摯為茶席點盞瑩燈，忙裡消閑，也是種幸福。

不要尋找真實的故事；
你為什麼需要它？

它不是我出發時的初衷，
或者我攜帶的東西。

我航行時所帶的，
一把刀，藍色的火焰，

運氣，一些仍然有用
的好話，和潮汐。

——瑪格麗特．愛特伍（Margaret Atwood），
《真實的故事》（*True Stories*）

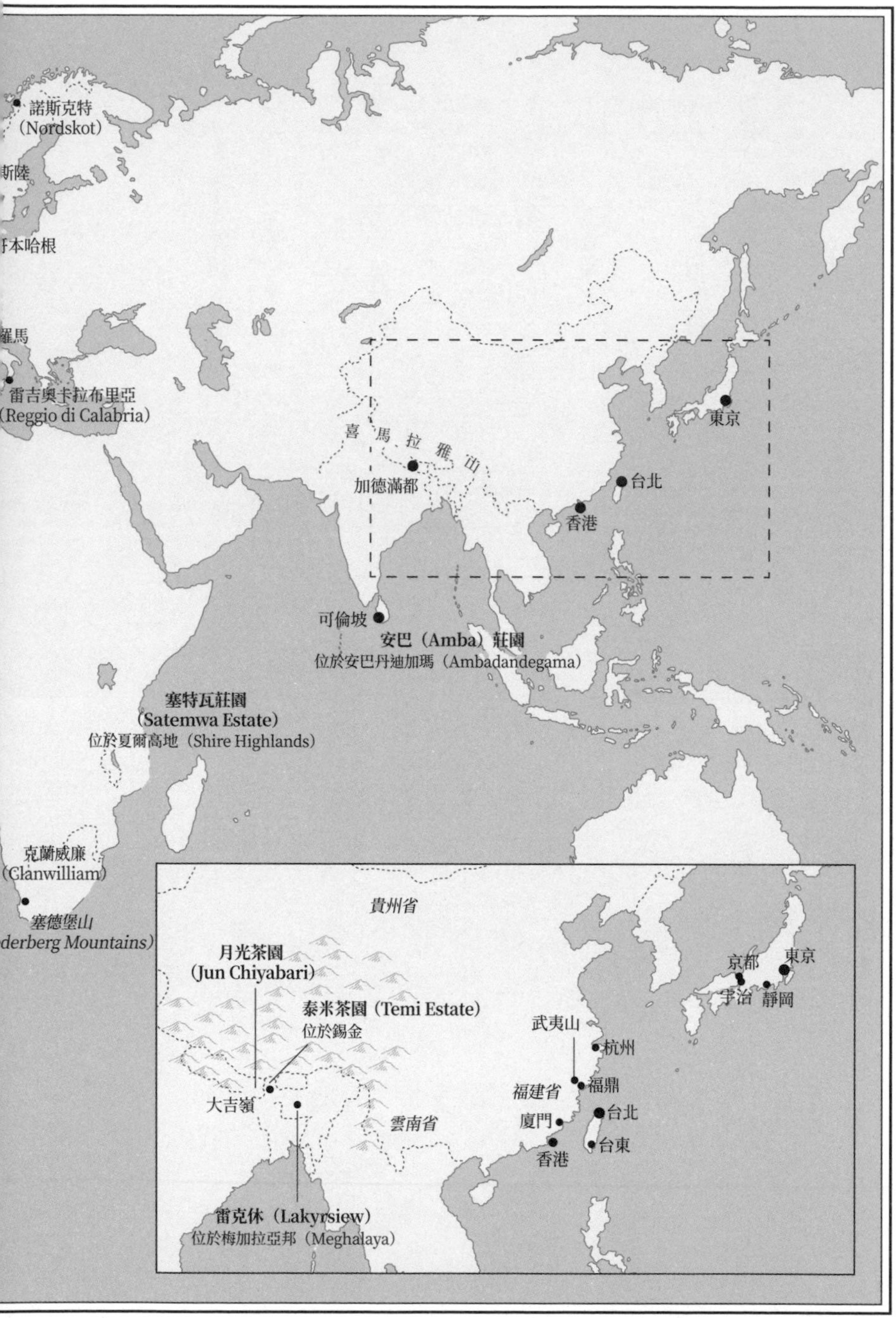
諾斯克特
（Nordskot）
斯陸
本哈根
羅馬
雷吉奧卡拉布里亞
（Reggio di Calabria）
喜馬拉雅山
加德滿都
東京
台北
香港
可倫坡
安巴（Amba）莊園
位於安巴丹迪加瑪（Ambadandegama）
塞特瓦莊園
（Satemwa Estate）
位於夏爾高地（Shire Highlands）
克蘭威廉
（Clanwilliam）
塞德堡山
ederberg Mountains）
貴州省
月光茶園
（Jun Chiyabari）
泰米茶園（Temi Estate）
位於錫金
大吉嶺
雲南省
雷克休（Lakyrsiew）
位於梅加拉亞邦（Meghalaya）
武夷山
杭州
福建省
福鼎
廈門
香港
台北
台東
京都
東京
宇治
靜岡

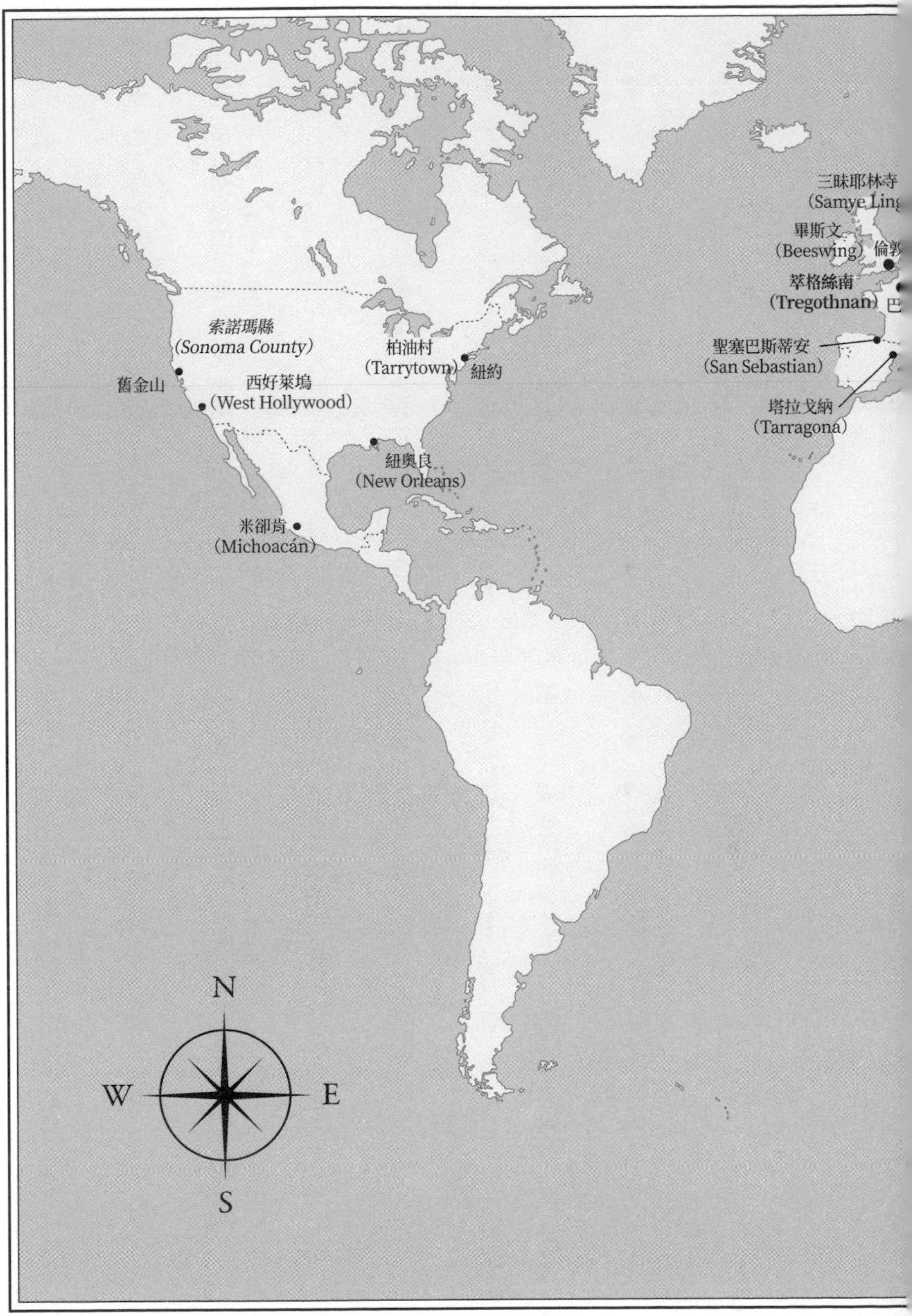

三昧耶林寺
(Samye Ling
畢斯文
(Beeswing)
倫敦
翠格絲南
(Tregothnan)
巴
索諾瑪縣
(Sonoma County)
柏油村
(Tarrytown)
紐約
舊金山
西好萊塢
(West Hollywood)
聖塞巴斯蒂安
(San Sebastian)
塔拉戈納
(Tarragona)
紐奧良
(New Orleans)
米御肯
(Michoacán)
N
W
E
S

目次

序　我的茶葉故事，我的尋茶歷險　017

第1章　我的茶夢之始，大吉嶺與鐵觀音　021
蘇格蘭西南　索爾威灣

第2章　孕育奇想的時刻，我的起床茶白毫銀尖　026
中國　福建省 福鼎

第3章　癌症改變了茶女士，但也滋養新生　042
倫敦　克拉里奇酒店

第4章　一首古老的中國情歌，綠寶石春茶　052
中國　貴州

第5章　題外話：英式早餐茶怎麼變成了新紅茶　057

第6章　千變萬化的混合風味，英式早餐茶　068
英國　倫敦：由康登到白廳

第7章　踏上新大陸，失落的非洲珍稀茶　076
馬拉威　塞特瓦莊園

第8章　茶女士的美國冰茶，桃福餐廳冷泡茶　087
美國　加州 西好萊塢

第9章　氣味管弦樂團裡的小提琴，南非國寶茶　100
南非　塞德堡山脈

第10章　枯山水庭園的平和體驗，抹茶　109
日本　京都

第11章　喝一口就會讓你心動，月光茶園紅茶　115
東尼泊爾　海利

第12章　壯麗複雜的自由爵士樂，日落烏龍　131
台灣　台東

第13章　飲茶過度的後果，鐵觀音　138
義大利　羅馬南部

第14章　題外話：下午茶的故事　152

第15章　處在兩個世界之間，諾瑪餐廳東京快閃店餐茶　175
日本　東京

第16章　茶女士的配餐魔法，試味菜單佐茶　180
美國　紐約州 柏油村

第17章　像是在雨中穿過一片森林，馬拉威黑茶　186
美國　加州 舊金山和索諾瑪縣

第18章 來自雲之居所的芬芳花香，雲茶 193
印度 梅加拉亞邦

第19章 原始森林裡的隱密茶園，大紅袍與正山小種 199
中國 武夷山

第20章 化懷疑爲愉悅，超酷的魚子醬佐茶 206
法國 巴黎

第21章 茶女士的生日派對，泰米茶園 210
印度 錫金

第22章 用最精緻的白茶襯出海味，白牡丹茶佐海膽 216
挪威北極區 諾斯克特

第23章 激發勇氣的茶，龍井 222
中國 浙江省 杭州市

第24章 「雞尾酒的故事」，潘趣酒配對晚宴 231
美國 路易斯安納州 紐奧良

第25章 比各部分的總和更好，調和玉露茶 243
日本 靜岡

第26章 甜得就像檸檬糖，檸檬草茶 248
斯里蘭卡 烏瓦高地 安巴丹迪加瑪

第27章 風味十足不含咖啡因，香草植物 253
墨西哥 米卻肯

第28章 近在咫尺的古老植物園，萃格斯南莊園 258
英格蘭 康瓦爾

第29章 如泡沫般輕輕飄散的花朵，杏花茶 262
西班牙 塔拉戈納

第30章 狂歡之後的溫暖與慰藉，一杯好茶 267
英格蘭 默塞特郡 格拉斯頓伯里

第31章 每一口茶都放鬆了我孤立的束縛 271
你的臥室

第32章 滿室馨香的浪漫，茉莉銀針 274
中國 福建

第33章 我的茶友，三昧耶林寺的安妮・迪琪 279
蘇格蘭西南 艾斯克戴慕

第34章 你可以用好茶改變世界 282
革命

後記 飛越北海 285

附錄 泡一杯好茶 289

序

我的茶葉故事，我的尋茶歷險

This is my story of tea, my adventures in tea

由馬拉威的夏爾高地（Shire Highlands），越過喜馬拉雅山麓，到中國武夷山的隱密茶園，我千里跋涉，尋覓稀世好茶——茶樹（Camellia sinensis）的葉子。除了茶葉，我還尋找稀有的香草和花卉，從西班牙淡白色的馬可那杏花（Marcona almond），到南非塞德堡山（Cederberg）半乾旱氣候的沙漠裡銹紅色的南非國寶茶。

我從不停止尋覓。二〇〇四年，我在倫敦創辦了一家小型獨立茶葉公司珍稀茶（Rare Tea Company），分享我的發現。這些年來，我這麼多次墜入愛河，愛上這麼多種茶。我雖善變，但卻堅定而忠誠，一旦愛上，永不變心。我不知道這是怎麼回事，但只要我愛上某物或某人，就難以自拔，因此我不斷地來回往復。

在不拜訪農民和茶園之時，我就去探訪我的客戶。這讓我來到一些最好的餐廳，穿過平整的桌布和涼爽的用餐區，進入廚房的炎熱和喧囂，見到舉世最教人著迷的廚師。

茶把我引介給建築商、紋身藝術家、教師、演員、運動員、調香師、旅館經營者、侍酒師、咖啡師、漁民、飛行員和調酒師，他們成了我的朋友和合作對象。我的人生已經變成消耗在尋覓、調和與分享我所能找到用來沖泡最美味飲料的事物上，可以恰如其分地這樣形容：它讓我一路走來赴湯蹈火。

這是我的尋茶歷險。我希望能引誘你，一點一滴地，愛上原葉茶。這是極其個人、非常偏頗的敘述，而非一般談論茶葉的客觀文章。這是我的茶葉故事，而非一般的茶葉故事。我想要告訴你真正為我帶來力量的好東西，以及它引領我去的地方。我渴望分享的東西太多了，你可以把這本書看成是我卸下了愛的甜蜜負擔。

在陌生的國度孑然一身，對當地的語言一竅不通，聽來可能教人生畏。但只要你像新生長頸鹿一樣伸出你的腿作初步的探測之後，情況可能就會變得正好相反，你獲得了全然的自由。沒有人認識你，你什麼也不知道，人們對你沒有任何期望，任何事都可能發生。

我為自己創造了必須踏上冒險的人生。我不能確定這種欲望是否激發了我對茶的熱愛，但它確實促成了它。人們最常問我的問題是，這是怎麼發生的，我是怎麼變成「茶女士」（Tea Lady）的。如今大家真的用這個詞稱呼我：這就是我的工作，我的本色。我尋訪茶葉的時間已經這麼久，讓我幾乎忘記了其他的人生段落，忘記了茶女士是由哪裡開始，我又是在哪裡停駐的。還有這麼多事物要學習和發現。我才剛剛開始，儘管光陰在我身後凌亂地打轉。驀然回首，我往往會因為發現自己冒險得多麼深入而吃驚，我走過的路徑迷失在一片糾結的葉片之中。

在展開覓茶生涯之前，我在一家大型跨國企業工作，負責財務文件。我知道——這工作聽來很吸引人，不是嗎？但股東報告、首次公開募股說明書和合併協議並不是在晚餐閒聊的好話題。我打算要做點別的事情，可以讓我引以為傲的工作，或許開一家茶葉公司，不過要再等晚一點。但後來家父罹患癌症。當時他六十五歲；他也有對未來的計畫。

我從紐約的生活回到倫敦的家，到醫院裡陪他，常常蜷縮在他的床尾。我低下頭，他撫摸著我的頭髮。癌細胞迅速擴散到他的腦部。我們互換了角色，變成我坐在他的床邊，撫摸著他的頭髮。在他以粗嘎的聲音嚥下最後一口氣的那個下午，皇家馬斯登醫院（Royal Marsden Hospital）的上空下起了大雪，蓬鬆的雪花，像電影裡一樣。他去世時離確診還不到三個月。我決定不再回到企業生涯，不再拖延，直接投身茶的天地。

兩年後，就在我才剛剛創辦珍稀茶公司之際，我自己也得了癌症，這當然讓我打消了我還有時間可以浪費的想法。

我在企業界闖蕩多年，累積了很多心得。我的工作讓我遊歷四方，走訪世界各地。我知道該如何把事情做好，也知道自己不想從事哪種業務。我不贊成靠裙帶關係、兄弟幫的拉拔扶植，或者股價第一，道德其次的私下默契。我想投身的是對人們的生活真正有意義的事情。我不能再光是被動地坐在二樓的貴賓席，看著下方舞台上的表演。我直接與農民合作，長途跋涉前往他們的家，了解他們的生活，盡我所能地支持他們；由企業大樓灰暗的走廊和滿是紙張的無窗房間，來到曲折山路、翠綠花園和蔚藍天空的鮮活人生。

按照一般的常識，我該向茶商買茶，把它塞進茶包裡，弄一些漂亮的包裝，然後專心在公關和行銷上。但這樣哪裡算是冒險呢？我愛上的是可愛的葉子，而不是醜陋的茶包。親自尋找最好的茶園，並致力直接貿易的模式，讓我了解全球運輸的複雜，我沒有採購團隊或運輸部門的支持——在一開始，根本沒有任何人手。通往市場的新途徑必須由兩端建立，由供應商到客戶。在二〇〇四當年，英國沒有多少人熟悉原葉茶。我的冒險當然不是建立在冷冰冰的常識上。

第一章

我的茶夢之始，大吉嶺與鐵觀音

蘇格蘭西南　索爾威灣

The Solway Firth, South-West Scotland

我的茶之夢已經悄悄地醞釀了一段時間。這些夢想始於黛安娜老夫人的客廳，那是位於蘇格蘭西南海岸附近，一棟灰色的花崗岩房屋。當時我大概五、六歲，已經會拿杯碟。黛安娜一邊倒茶，一邊講印度的故事，並且慎重其事地用脆弱的骨瓷杯上茶。我接過如此珍貴的東西，既驚喜又害怕。我很可能會咬穿薄薄的杯口，用我小小的牙齒把它壓碎。她用的茶是大吉嶺——一個很遠很遠的地名，而我卻可以在蘇格蘭啜飲，由茶壺中品嘗那閃閃發光盤繞的琥珀色繩索。氤氳的香氣來自熱氣蒸騰山坡上採摘的樹葉，猴子在那片山上擺盪，而我望向窗外，卻只見寒冷山坡上的野草和綿羊。

我們所有的假期都在鄧弗里斯郡（Dumfriesshire）度過，我們有親人在那裡，可以讓平常被關在鴿子籠裡的倫敦孩子們自由奔跑。我祖父母居住的村莊叫做畢斯文（Beeswing），與倫敦南區骯髒破舊的排屋街道相比，這裡簡直就是童話仙境。在八小時的車程後，車裡已被香菸熏成灰青色，我們你推我擠地下車，看到一個農場，還有耳朵後面長了絲絨皺褶的粗舌牛犢，以及長滿了潮濕歐洲蕨的樹林。我們輪流拜訪其他的親戚，到他們家喝茶。孩子們被打發去雪地裡玩耍，或者覓食醋栗、覆盆子或野草莓，並在高及頭部的歐洲蕨中野營。大人們則喝茶，直到該是開始喝威士忌的時間。

黛安娜家的情況則不同。我們會穿上最好的衣服，用刷子把指甲清乾淨。在其他親戚家裡，我們喝的可能是柳橙蘇打，茶是留給大人喝的。但在黛安娜家，下午茶只有茶可喝。在下午茶時間提供其他任何飲料，在黛安娜看來都不成體統。她給我們一塊蛋糕，但卻遞給我們一杯茶。我現在依舊能感覺到杯子和碟子噹啷作響，很擔心自己會把茶水滴在客廳淡藍色的地毯或鵝黃色的沙發上。我對黛安娜心懷敬畏。她的聲音專橫跋扈，一隻棲息在餐廳窗戶上的灰色非洲鸚鵡俯瞰著車道上嘎吱作響的石頭，模仿她的聲音說話。

茶是用銀色推車送進客廳的，精緻的杯子和碟子上有手繪的花卉圖案。我知道廚房裡還有另一組茶具，那是我真正喜歡的茶具，杯緣上有綠色的龍互相追逐。只可惜那是早餐專用，如果要求用早餐的瓷器來喝下午茶，會很荒唐。

黛安娜總是泡大吉嶺茶。身為英屬印度官員女兒的她在印度長大，在茶葉國度涼爽的山丘上度過炎熱的夏季。她喝茶不加牛奶，我也模仿她。這茶色澤金黃，帶著花香，味苦而成熟，充滿異國情調，我愛它。我愛它一如我愛威士忌。它們是保留給成年人的異國風味。我家的每一個孩子只要一達到不會灑出飲料的年紀，就會被委派擔當調酒的重任，但我從不會想喝掉一整杯酒。我只會啜一小口，作為辛勞的報酬。

當時還是小女孩的我覺得能夠有自己的一杯茶非常了不起。我會小心翼翼地啜飲，靜靜地坐著，等著被趕去花園裡摘水果，或者，如果是冬天，被趕到火爐前的地板看印度的圖畫書。

要平衡我膝蓋上的杯碟和一盤蛋糕是優雅的折磨，我身穿漂亮洋裝，因褶襉而發癢。蛋糕雖好吃，但我會盡快吃完，以免它礙手礙腳，好讓我能專心地小口啜茶。它嘗起來有老虎和大象的味道，有佩戴璀璨珠寶和絲質頭巾的男人的味道，有青山和冒險的味道。

直到二十八、九歲，我才真正迷戀上另一種茶。那是一種烏龍茶，迄今我仍然可以想到它的滋味，那時我還在企業界工作，因公出差到香港，在港口的舢舨上喝到了它。這座不夜城就像靜止的霓虹煙火，在我面前向上伸展，船下漆黑的水沉寂平靜，反映著燈光。那杯茶是鐵觀音，「鐵的慈悲女神」。自從那晚她的美讓我臣服以來，她引領我多次奇遇。我義無反顧地投入了終生的美妙追尋。

在黛安娜和那艘舢舨之間，我記不清喝過多少杯的袋茶。我原以為所有的茶都差不多。我忘記了早已離開人世的黛安娜，她窗前的灰鸚鵡，還有大吉嶺茶。但啜了一口那杯鐵觀音，一切都湧了回來。我清楚地記得那一刻，因為儘管有港口的燈火和閃閃發光的高樓，我卻發現自己置身他處——坐在一張鵝黃色沙發的邊緣。我深深懊悔這些年來自己錯過了這麼多樂趣。

當你重新找到一本早已忘懷心愛的書，或者幾十年沒有再看的精彩電影，或是聽到一首老歌重現，你知道那種感覺；愉悅感洶湧澎湃。我不只忘記了那首歌，而且根本忘了曾經有那個樂團。

從那時起，茶成了我的配樂和我的故事。不喝茶時，我也夢想著茶。它就在我身邊，是我最忠實的伴侶。我無法想像一個早晨沒有它，更不用說一整天沒有茶了。剝奪了茶，將會是我無法忍受的可怕折磨。但唯有在我發現了真正的好茶之後，我才有這種感覺，這種痴迷。這就像明白了原來除了即溶顆粒之外，還有別種咖啡；就像原本只知道食品工業生產的漢堡，卻嘗到了牛排；就像吃了一輩子用塑膠紙個別包裝的橘色加工起司之後，嘗到一塊林肯郡偷獵者乳酪（Lincolnshire Poacher），一片布里起司（Brie），或一小塊帕馬森乾酪（Parmesan）一樣。商用的袋泡茶就是沒辦法和手工採摘和手工製作的原葉茶相比。

這發生在香港的一艘舢舨上。在隨後的歲月裡，我開始研究探索。我往訪世上主要的產茶區和一些被人忽略的小產區，尋找新的茶葉風味。我和茶農與加工廠經理、專家、大師和採茶人、茶館經理和女侍，以及幾乎所有我能找到的以茶維生的人談話。現在這一切的知識和經驗都是我的了。我確實花了多年才到達這個地步，那是因為我猶豫不決。在蘇格蘭，他們會說我蹉跎（faffed）了，我蹉跎了太久的時間。

在旺茲沃思（Wandsworth Common，倫敦的一區）的雪化為雨之際，我們把我父親放在紙板做的棺材裡下葬，我依著他的要求把這個棺材畫成他一輩子抽的香菸品牌模樣，我仔細地塗上了深紅色的清漆，並在邊上畫了金葉子。我矗立在他的墓旁，決定不再蹉跎，我要一頭栽進茶的天地。

第二章

中國 福建省 福鼎

Fuding, Fujian, China

孕育奇想的時刻，我的起床茶白毫銀尖

所有的茶都來自茶樹（Camellia sinensis）。如果任其生長，不採摘它的葉片，它就會徒長，變成朝四方伸展的高大樹木。它種在哪裡，你怎麼照顧，何時及如何收成，最重要的是你如何製作茶葉，都會決定它成為哪一種茶。同一片葉子可以製成白茶、綠茶、烏龍[1]、紅茶或普洱茶。普洱經過發酵；紅茶則是充分氧化，帶出茶多酚豐富的深度；綠茶只需略微加工，展現更微妙的植物風味；烏龍則巧妙地介於兩者之間。而白茶……白茶是最初

始，原封不動的茶葉，只經過乾燥，因此保留了新鮮葉片最細膩的香味，清新如草。

白茶是茶味系列之始，是我訪茶冒險的開端，也是我每一天的開始——bed tea，起床茶，一早醒來在床上喝的茶。當然，bed tea 可以指任何在床上喝的茶。你想的可能是寒冬的週日午後，一書在手時喝的茶。在床頭燈的光圈之外，黑暗吞噬了整個房間，你胸前懷抱的那杯溫暖的茶。那無疑是絕佳的喝茶時機，但我所指的 bed tea 是晨間的第一杯茶，你帶回床上喝的，或者若你有幸，送來給你的那杯茶。你半閉著眼，在靜謐中喝的那杯茶。一大清早，我喜歡像黃蜂那般節制，而非蒼蠅那樣貪婪地享受那種興奮陶醉。

我的起床茶幾乎總是白毫銀尖，當然會有變化。我未必總是在同一個地方，同一個國家，同一張床上醒來，但只要我在家，它就是我的第一選擇。我家附近有一座鐘樓教堂，古鐘每個小時都會輕聲敲響。我一早在它們低柔的鳴聲中醒來，在鬧鐘騷擾我之前就按掉。

我的水壺就放在廚房水龍頭旁邊。壺中的水氧氣已消散殆盡，我倒掉這些已經無味

1 編注：原文做「Oolong Tea」，華人茶文化按照工法與成品的不同，將茶葉分為綠、黃、白、青、紅、黑六大茶系。其中「青茶」為半氧化茶類的統稱，因「烏龍茶」為半氧化茶之中最為知名的茶種，故有些資料也會以「烏龍茶」來統稱半氧化茶類。然而，英文中並無「青茶」的概念，而以「Oolong Tea」統稱半氧化茶類。考量作者身處之語境與用詞，經與審定老師討論後，本書均遵照原文以「烏龍茶」稱半氧化茶類，並加註說明以利讀者辨別異同。

的水，重新裝入正好夠我的茶壺用的水量。我不必盯著水流入壺中；因為我已經做了多次，知道什麼時候該把水關掉。除非是深冬，天色昏暗，否則我連燈都不開。我有個溫控壺，可以設定我想要的溫度，不過現在我已熟悉水的聲音，可以聽出它何時到達理想的溫度。

在水壺噗噗作響之際，我把茶葉舀到凹成杯狀的手心，在它們落入壺中之前，感受細嫩的銀芽。我把茶壺放在杯旁白樺圖案的小托盤上，矗立片刻，低頭望著我在白色木質地板上的腳，讓眼睛適應，聆聽。等水向我低語它準備好了之時，我把它倒進茶壺，然後回到床上。

我倒出半杯茶，捧在兩手之間，舉向面前，在入口品嚐之前先深吸茶的氣味。剛割的青草和暖陽曬後的乾草芬芳，送我來到福建的山巒之間，置身小城福鼎，彷彿聞到剛摘下的茶葉晾曬在簸箕上的氣味。我啜飲著熱茶，視線漫不經心地掠過鄰居的屋頂，然後轉頭注視穹蒼，望著鳥兒翱翔而過。

尋覓白毫銀尖是我最早的尋茶冒險之一。每天早上我就這麼回到那個起點，在中國東南部福建的高山上。福鼎是舉世最著名的白茶之鄉，要到那裡的茶園，非得經過漫長的旅程，穿越的時間似乎就像經歷的空間一樣遙遠。我頭一次去，是在二十一世紀剛開始之際，道路十分古老，而且曲折蜿蜒。

在我展開茶女士的生涯之前，曾因公出差到中國，正逢這個國家剛開始稍稍開放之際，讓我有機會拜訪先前我只拜讀卻不可及之處。

想像你沉迷於葡萄酒，已經讀過你所能找到的每一本相關書籍，也不斷地和你所能見到的每一位專家談論，但你卻從未實地見過葡萄樹。由於法國發生大革命——可以想見，邊界關閉了一個世紀或更久。你可能去過巴黎，但幾個世代以來，幾乎無法下鄉拜訪。香檳區和波爾多的著名葡萄園只是傳說，盧瓦爾河谷是則童話。古老的技術和手藝隨著歲月流逝，聽來宛如寓言。

接著政策開始放寬，容許到鄉間去探索葡萄酒的產地。正巧你就在法國工作，突然間，你可以雇車前往香檳區，不論在任何當代人的記憶中，這都是頭一回。這原本一直都不可能；確實，大部分理智的人仍然認為不可能。但只要你一動身上路，一切就都在那裡等待你去發現。

這就是我初赴福鼎的情況。如今這條路依舊沒有很多人走，但我對它已經非常熟悉，也親眼見到它變得比以前好走得多。

我在前一天抵達廈門市，這是文化大革命之後第一批得到特殊地位的城市之一，可以與西方貿易。它成了舉世最佳茶葉的新集散地，長久以來這些佳茗一直都未能送往外地。廈門就如其他許多中國城市一樣，沒有適當的都市計畫，玻璃鋼架高樓與搖搖欲墜的混凝土建築和晾衣繩擠在一起。巨大的公路貫穿這座城市，圍繞它、越過它，夜晚霓虹燈璀璨，白晝卻滿是塵土和霧霾，一片灰暗。晝夜都聽得到喧囂的汽車喇叭和爆炸聲，彷彿雷鳴，其實是為興建更高大樓而拆除建築物的聲音。

第二天我赴福州，由那裡上行，前往福鼎。我雖已租了車，但不能自行駕駛。我雇來載我的司機留著男孩樂團的髮型，與他的年齡相比太年輕了，正在聽收音機裡最折磨人的刺耳流行音樂。我比手畫腳，請他關掉——因為我們語言不通。他氣呼呼地由後視鏡裡掃了我一眼。但他無法在四、五個小時的車程中一直保持敵意，因此很快就輕聲哼起歌來，打破了我們的沉默。

隨著我們越爬越高，灰色被綠色取代，空氣變得清淨了。離開這城市就像在時間機器中緩慢爬行。喧囂和混亂隨著時間消退，我越過稻田和竹林，覺得自己彷彿穿越了千年。

茶原產於中國，就像安地斯山脈的可可一樣，在高海拔地區欣欣向榮。山上的梯田滿是綠油油的茶樹。採茶的人——稱為「茶工」，在茶樹叢中徐徐穿梭，正在採收春茶。

他們頭戴竹製的斗笠遮陽，一如數千年來一樣。放眼望去，到處都看不到電線桿，我不敢相信自己置身現代。

在城裡，街道兩旁都是小型的茶葉加工坊。人們背著裝滿新鮮茶葉的大簍子，在狹窄的小巷裡行走。我透過敞開的門，張望沒有燈光的室內，只看到茶葉在炭火上的炒鍋裡攪動。一群婦女坐在門口，由茶葉中挑出芽尖：那正是我所追尋的白毫銀尖。我取出一張寫著中文的紙條，拿給一名正好奇地抬頭看著我的女子，她點頭微笑，開始快速地說話。我伸手指著司機，他蹲在她面前聆聽。我們向她道謝之後回到車上，依據她的指示前行。

我們繼續沿著兩旁種了茶樹的蜿蜒道路行駛，來到一座圓丘頂，上面矗立著一小堆木材和混凝土建築。司機停下車來，在座位上轉過身來，一言不發地盯著我。我下了車，望著四面八方一望無際的茶樹梯田，人們成群結隊，散布田間。我在艷陽下瞇起眼，只見一名男子由屋裡走了出來，他大概四十多歲，身材高大，穿著T恤和牛仔褲。我把第二張紙條遞給他，希望那能說明我很渴望要看銀尖的採收。他一邊讀，一邊鄭重地點頭，接著抬頭看我，用手摀著嘴，欲言又止。然後他招手要我跟著他。此後我們一直合作迄今。

他帶我到外面採茶的工人那裡，在他們之間穿梭，觀察精細的採收過程。通常最好的茶都不是用蠻力的機器，而是用靈巧的手收成，採摘兩片嫩葉和新生的芽心，如果留著不摘，它們就會長成下一組對葉。白毫銀尖則不同，比小心翼翼摘下的這些嫩葉更進一步，只採嬌弱的嫩芽，不到幾公分的珍貴新生幼芽。這種茶是由每一支新枝的尖端一芽接一芽採集的。

白毫銀針——我喜歡稱呼它為白毫銀尖，聽起來比較柔和，是大白品種茶樹第一輪的絨毛春芽。這些芽是在春天之始，大約短短五天之內採摘的，通常是在三月二十日至四月五日之間，此時它們將綻未綻。我看著經驗最豐富的採茶人悉心地把它們摘下來；他們大多年長，一笑起來，臉上就綻開深深的皺紋。只有婦女會害羞地對我微笑。當時正逢新千禧年之始，我身穿紅衣，就像中國新娘，看起來一定格格不入。男人則與我保持距離；有些長輩滿心好奇，盯著我出神。我居高臨下，儘管我只有五呎六吋（約一六七公分）。

午餐時分，大家都回到茶園，圍坐在圓形的竹托盤邊。我們吃了泡在甜湯裡的白煮蛋，喝了前一天收成曬乾的茶葉，把它們鬆散地倒進高玻璃杯裡。銀尖由水面散落，滲出淡綠色的水滴，直到水滲入它們柔軟光滑的深處，浸透飽和之後下沉。

沖泡白毫銀尖茶
Making White Silver Tip Tea

每杯（*150ml*）的茶只要用 *2g* 白毫銀尖茶葉就夠了，但用 *2.5g* 也不錯。視你的口味濃淡，用 *70* 至 *75° C* 的水沖泡 *1* 至 *3* 分鐘。

第二泡的時間最好短一點，因為芽葉已經軟化，水更容易滲透柔嫩的葉心。有時我第三泡會採冷泡，用一杯冷水把茶葉由茶壺裡沖出來，放入加蓋的果醬瓶，然後放進冰箱。等我晚上回家，它就成了一杯清爽怡人的冰茶。

在最陰暗的冬日，起床之際，我的雙手會冷得發白，這時我渴望把較暖的杯子擁在胸前，於是我把水溫提高到 *80° C*，但縮短沖泡的時間。

要進一步了解如何泡一杯好茶，請見本書末尾。

你也可以用酒取代水來泡茶，用茶系調酒來慶祝。白毫銀尖馬丁尼是我最愛的飲料之一：它極其簡單，非常美味，讓人以全新的眼光來看待茶。

採茶人輕聲細語，這在這座城市裡似乎是不可能的事，他們篩選了剛收成的新芽，去除多餘的葉子或莖，然後把銀尖鋪平攤開，在柔和的午後陽光下晾乾。竹製的長簸箕放在可以曬到最佳光線的地方；房子的屋頂、小徑和露台上都鋪滿了茶葉。夕陽西下，茶葉被收進來，簸箕像雙層床一樣疊放在一起。在空氣潮濕的年份，就得靠柴火完成乾燥，這會為茶葉增添一絲幽微的煙味。

在那頭一次旅行中，夜空清朗，星斗滿天。隨著夜幕降臨，我們坐在月光下，啜飲芬芳的茶葉，側耳聆聽宛如一幅褪色絹印掛在我們面前的寂靜茶園。

二〇一六年，中國科學院的考古學家分析了漢景帝（去世於西元前一四一年）墓中的隨葬植物，發現了舉世最古老的茶葉。根據大部分的記載，他是英明的君主，降低了稅賦以減輕窮人的負擔，削弱了貴族的權力，並縮短了犯人的刑期。他們發現的隨葬茶是白毫銀尖[2]，這位寬大開明的皇帝如此鍾愛的茶，如此寶貴，沒有它，他甚至不能死，正如我沒有它活不下去一樣。

這是我在化療期間唯一能喝的茶，在我的五臟六腑對抗我血液中四處晃蕩的化學毒物時，它的柔和不會讓我嘔吐。這是我唯一能承受的美味。

一般認為綠茶比紅茶健康，因為它的加工程度較低，並且保留了較高量的抗氧化物。但其實白茶才是加工最少的茶，而且具有最高的營養價值。有人把它用在護膚霜裡，而且澳洲正在進行用它來治療皮膚癌的研究。我不知道它有多少益處，我是茶女士，不是科學家。但我很喜愛它，它讓我覺得很舒服。

白茶對健康的益處固然很吸引人，但最初讓我動心來到福鼎周遭這片傳說之地的，是那絕美的味道。你可以喝到裝在茶包裡的商用白茶；或許你嘗過裝在光滑如絲合成纖維網袋裡，甚至還是原葉的白茶，因而認為我是騙子，因為它們的味道既不香甜也不爽口，然而白茶就像白葡萄酒一樣有很多等級。通常這些白茶並非在春天採摘，而是來自茶樹較晚生的新葉，而且並不是每個茶園都能生產同樣的茶葉。

茶樹全年都會不斷生長新葉，但只有第一批新芽才能保住春天的甜美氣味。茶樹在寒冷的冬天休眠，夏季的糖分都儲存在根部，以度過漫長陰暗的月分，等待第一道微弱的春光。茶樹利用這些儲存的糖分長出第一批新葉，這些葉片還沒有因太陽的追逐而張開，還沒有開始把糖轉為能量的光合作用，這就是為什麼這些芽葉會如此獨特地甜美。

在尋訪白毫銀尖的一次旅途中，我在深夜由福建省的偏遠小城下機。那是個小型的國內機場，燈火通明，它的地板、天花板和牆壁都是白色瓷磚，染著由黃到棕色的黴

2編注：漢景帝墓中發現的隨葬植物為「小而為開的茶芽」，但因為不確定工法，嚴格說起來與現今的白毫銀針仍有差別。

斑。我孑然一身，而且從沒見過那位答應要來接我的茶農。我還不會說中文，他和我只通過電子郵件，而且還溝通不良。你可以想見我看到他在那裡時有多麼如釋重負：一個瘦巴巴的男人，穿著破舊的西裝，拿著寫了我名字的牌子。我朝他走去時，他一直打量我的四周，彷彿我擋住了他的視線。我向身後瞥了一眼，看他在看什麼，但只有穿過入境大廳走來一團混亂的其他乘客。在我走近時，他的視線落在我身上滑了一秒，然後又回到我的身後。我越靠近，他的眼光持續的時間越長。最後他的眼睛與我的相遇，他的臉沉了下來。我伸出手，當他明白與他溝通了幾個月的英國茶葉買家竟然是個女人時，他的失望明顯到讓我在握手時忍不住笑了出來，使這個可憐的傢伙更不知道該如何是好。

你可能會以為一看我的名字漢麗耶塔就會洩漏天機。我以為他知道這是女性的名字，但一個中國茶農怎麼會對英國名字，或者中國以外的任何名字有什麼概念？他的文化、語言和文字截然不同。儘管與西方打交道的中國人越來越常使用英文名字，但在我們眼中卻未必認得出那是名字。它們通常是一串英文字母組成一個悅耳的聲音。如果可以叫做史達利（Starry），何必要叫鮑勃（Bob）？

我後來一直沒有向那個茶農買茶。他的英文名字是相當乏味的大衛，但我並不是因此而反對他，也不是因為他不習慣，且最初相當猶豫與女人做生意。當他明白我就是漢麗耶塔時，他強自鎮定，裝作不在乎。中國在作生意方面唯才是用；如果女人能做正經生意，那麼就會受到歡迎。即使這在中國文化上不太常見，但並非辦不到。我希望當年我在企業界的董事會中，或者我頭一次嘗試在日本交易時，也有同樣的餘地。

身為女性，我在中國遇到唯一真正的困難就是吐出茶水。茶園裡每一間品茶室都有一個吐茶桶，不是有凹痕的舊黃銅製，就是閃亮的不銹鋼新容器，放在品茗桌旁的地面上。吐茶桶口寬頸窄，讓你可以輕易地吐出茶湯，而不會看到它裡面的內容物。它通常高度齊腰，承接茶湯，讓品茗者不必把口裡的茶吞下去，就像品酒師品嘗葡萄酒一樣。葡萄酒專家如果把所品的酒都吞下，就會酒醉；品茗的人則會變得興奮。我是說真的興奮。那些絕妙的滋味和咖啡因會讓你飄飄欲仙。

我頭幾次在中國品茗，就是吐不出來。看女人吐唾液總是非常親暱的事。一群不知名的男人圍著我，全神貫注地盯著我泛紅的年輕臉龐，我實在吐不出來。我把茶水吞了下去。那次品茗結束時，我一直咧著嘴笑，覺得自己可以在飯店房間裡飛簷走壁——在我如此亢奮的情況下，牆壁和天花板根本不算什麼挑戰。我好幾天都沒睡覺。茶和時差讓我如此興奮，就彷彿傑克．凱魯亞克（Jack Kerouac）在寫《旅途上》（*On the Road*）時吞服了大量 Dexedrine（安非他命類的藥物）狂歡一樣。我只希望我當時寫的是一部邪典小說（cult novel），而不是發送一連串亂碼的電子郵件。

現在我已經學會不惹人注意地吐茶水，彷彿這是世上再平常不過的事。有的茶我非吞下去不可，因為它們太好了，不能浪費。把一株植物、一次收成、一幅風景和一位巧匠的藝術成品最精緻的表現吐到凹損的金屬吐茶桶裡，實在教我太心疼。但我可以放棄任何達不到卓越水準的茶。在有數百批茶要品嘗時，讓步給我的貪婪，或礙於分寸而把茶吞下去，是愚蠢的。我確實會背對房間裡的陌生男士吐茶水。茶女士必須要保留一點神祕感，讓他們只能想像我吐痰的樣子。

我從來沒有買過大衛的茶，因為它不夠好。產生最佳風味的因素不僅僅是特定的生產方式或品種。茶可能有相同的名字，來自同一個產地，製作方法大致相同，但未必相等。如果你只嘗過某種茶一次，請不要因此就對它失去興趣。例如，只嘗過一種白茶，就排斥所有的白茶，就好像只嘗了一種白酒，就以這一瓶為證據，認定所有的白酒都是劣酒。也許問題在於你不知道該買哪一款，不想冒太大的風險，或只是嘗了最容易得到的那一款；不論是什麼原因，你都沒有取得最美味的那一款。當你碰上了，你就會懂。

再回到我的起床茶，我的頭半杯白毫銀尖只是淡淡的茶水，還沒有完全泡開。我喜歡那最初幾口淡淡的味道，主要在它的香氣：柔和，清爽，飄忽不定。我用攝氏七十度的水沖泡，所以它不會燙到不能馬上入口，很快就喝完了。茶壺裡的茶還可以倒一整杯，這時它已經泡得比較開了，出現了一種樸實的甘甜。茶湯變得更濃，我的心思也更專注。它嘗起來是春芽的清新，從來不會教人失望。每一個早上，我都陶醉在它的甜美細膩的風味裡。

喝完了茶，我也醒了。完全清醒。如果有時間，我最奢侈的作法就是把茶葉第二泡，然後回到床上去喝。水更深入滲透到葉芽中，直達它柔軟的核心。這是我醞釀最荒唐的念頭，夢想古怪冒險的時刻。把武夷茶與尼泊爾手揉紅茶混合會是什麼滋味？我們該不該在美洲沙漠的音樂節上泡原葉茶喝？我能不能由中國騎摩托車穿越喜馬拉雅山抵達印度？我會不會離開倫敦移居湖邊，躺在老舊木製碼頭溫暖的木板上喝茶，聆聽拍岸的湖水？

通常我沒空在床上享受第二泡，將來總會有這一天。但我總有時間再來一壺茶。我常在化妝時喝它，這是我出門前的最後一件事，所以我的茶杯總是印著猩紅色的新月。一日之始在床上那最初的片刻充滿了可能，在我出門前啜飲最後那幾口茶時，我知道任何事都有可能發生。即使是最好的日子，依舊可能天有不測風雲，但我的確有力量以真正美好的茶展開我的一天。

調製白毫銀尖馬丁尼

White Silver Tip Martini

<u>每一杯需要</u>

◇ *3g* 白毫銀尖（即白毫銀針）茶葉，或者也可用像白牡丹那樣完整的原葉白茶

◇ *60ml* 純淨清爽的好琴酒，比如品質一向出色的英人琴酒 *(Beefeater)*

◇雪克杯或果醬瓶

◇冰塊

◇馬丁尼酒杯或細口酒杯

◇濾茶器

把白毫銀尖茶葉與琴酒混合，略微攪拌，讓茶葉浸泡在酒裡。等 5 分鐘。同時，用冰塊和一點水冷卻酒杯。

把冰塊裝入雪克杯或果醬瓶中，然後倒入混合的琴酒。如果不想用搖盪的方式，也可以用湯匙輕輕攪拌琴酒和冰塊，讓酒液慢慢冷卻稀釋。我想這方法比用搖盪的馬丁尼好，儘管〇〇七詹姆斯．邦德的名言是要搖盪而非攪拌調出的馬丁尼。他雖英俊，卻是厭惡女性的粗暴殺手。用搖盪的方式調酒，碎冰塊會破裂，使稀釋的情況難以控制而不穩定，而結冰的碎片會使這飲料刺激得多。輕輕的攪拌則較溫和，會調製出更順口的飲料。這確實比快速搖盪需要更多的時間，但最美好的事物往往如此。

把玻璃杯裡的冰水倒掉，斟入調好的飲料（把冰塊留在果醬瓶或雪克杯中）。

茶葉絕美的草香和琴酒的植物調完美地融合在一起，毋需添加乾味苦艾酒、苦精、橄欖或檸檬皮。它原本的風味就已臻完美：清爽而和諧。

如果你有意請客，要調製足供大家分享的飲料，每 *750ml* 的瓶子使用 *25 g* 茶葉，浸泡 *15* 分鐘。

如需保存這飲料，不拘保存時間的長短，都過濾琴酒兩次——先用濾茶器過濾，然後在漏斗上放無漂白咖啡濾紙再過濾一次；那可以截住任何微小的粒子。經過這樣做的琴酒可以無限期保存，一點也不會變質——只要你能忍住不喝掉它。

※ 編注：無漂白濾紙會有明顯的紙味，使用前需先沖濕；讀者或可選用漂白濾紙，現在大多使用酵素漂白，安全且紙味淡。

第三章

癌症改變了茶女士，但也滋養新生

倫敦　克拉里奇酒店

Claridge's Hotel, London

醫院裡的起床茶裝在原本用來盛冷水的塑膠軟杯裡，熱的液體破壞了杯子兩側的穩定，使杯子在我的手中扭曲變形。這茶淡而無味，嘗起來像是加了水的牛奶。我喝不下去，也想不出自己的病怎麼能好轉。手術後，我比以往更需要茶，我得要離開醫院才行。我知道別人的病情聽來可能枯燥乏味，因此我不會詳述每一個血淋淋的細節。但請忍耐這些不快的部分，要不然就往下翻幾頁，我不會怪你，你不必走這條曲折的路，依舊可以到達我想展示給你看的美麗地方。

癌症總是有辦法讓事情產生一點改變。它不僅會接管你的細胞和能量，也會接管你周遭的一切。

我頭一次罹癌，病情突如其來地開始。癌症迅速蔓延，我不得不在發現它之後幾天內開始化療。那是二〇〇四年，我才剛剛創立了珍稀茶公司。我才剛由中國簽下第一份茶穫的合約回來，就被診斷出乳癌。我經歷了化療；然後是讓我的身形有一點改變的手術；然後是放療。接下來是國民保健署（NHS，英國的公營醫療服務機構，National Health Service）不給付的一種新型靜脈注射治療，一位美國腫瘤學家朋友強烈建議我，如果要活下去，就得接受這種治療。我得先付費才能開始這種療法：需要幾萬英鎊，但我沒有這筆錢。我當時的伴侶為我籌款，多虧了我並不認識的他的同事，我開始了治療。我努力爭取NHS贊助這種療法的經費，並且如了願。接下來的五年我每天要服另一種藥物，還要持續觀察監測。破壞性的化療雖然解決了我的腫瘤，卻也損害了身體的各部位，至今仍有問題。

這一切都消耗了很多時間。這麼多的檢測、預約、候診室、治療和更多的檢測——它獲得了控制，也造成了許多折磨。九死一生之餘，我向自己承諾，我再也不會不知感激、失望或痛苦。我原本只有百分之三十的生存機會，我實在太幸運了。但我躺在床上哭泣，我無法起床，我不知道怎麼活下去。我身體虛弱——就像一隻瘦弱的灰老鼠。起先我看起來還不錯，明顯的顴骨和一頭鬍渣似的頭髮，但這樣的「時髦」畢竟難以為繼。我的茶葉生涯還處於起步階段。這個計畫原本多充滿希望，如今就有多諷刺。我達到的目標太少了。我用來進行這個計畫的所有積蓄全都花光了。

但至少還有一點東西：冒險的可能就在前方，還有茶。那救了我。我有地方可去，有業務待我建立。我可以做茶女士，而不是病夫人。

等到我終於能夠起床時，我讓自己更加投入。在那些早期的歲月裡，我的確覺得自己枉費心機，四處碰壁。沒有人想要原葉茶，即使是非常高級的餐廳也只供應很一般的茶。飯後理所當然是送上咖啡。咖啡機上方或許有一盒滿是灰塵的茶包，供少數要喝茶的怪胎使用，而且當然不會鼓勵他們喝茶。茶壺更是少見。就算有茶壺，瓷茶壺內還是用茶包，就連米其林星級的餐廳和大飯店都是如此。

我不得不開始鼓吹宣傳。我建議他們提供比客人在家裡所喝更好的茶，而非恐怕比較劣質的茶。如果他們提供的是即溶咖啡，一定也不會有太好的銷路。我不得不強迫人們注意這點，而且必須開闢一個不存在的市場。不這樣做，就是放棄我所有關於茶的夢想，回去做我不愛做的工作，為五斗米折腰。有人說，癌症以教人肅然起敬的方式塑造了我。它為我帶來了新的勇氣，也或許是無所畏懼。還有什麼可能是最糟的情況？

十年後，癌症再次威脅我。那時我已有了充滿茶的人生，和欣欣向榮的業務。但突然間，一切都顯得那麼脆弱。

請容忍我：我已經要說到精彩之處。

在我動了切除癌細胞的手術，打開原本幾乎消失的銀色疤痕之後，我前往克拉里奇酒店（Claridge's Hotel）。他們邀請我去住，也買了我的茶。NHS再次挽救了我的生命，這要歸功於它員工了不起的技巧、勤奮和仁慈體貼，但我不想再待下去。我身上插著四根管子，每根管子都連接一個瓶子，盛接由我的傷口排出的液體，看起來實在不太吸引人。一位好友協助我搭上黑色的計程車，司機以幾乎是喪禮的速度行進，以免我受顛簸之苦。

我走進酒店大廳時，酒店經理和他的團隊都來迎接我，彷彿我是貴賓。我為身上的管子感到尷尬，拚命想把它們藏在裙縫裡。他們假裝沒有注意到，並且輕輕扶我進入電梯。克拉里奇的電梯裡有一張沙發，所以我可以坐下來。

他們不僅給了我一個房間，而且是一間原創的裝飾藝術套房，有兩扇門——一一六和一一七。他們一間一間展示，教我十分驚喜。

（現在可以安心地回到這裡來了。）

我在克拉里奇酒店康復期間喝的起床茶，是我畢生所喝最好的起床茶。

在一流的旅館裡醒來，在床上點用早餐，無疑是人生中最大的奢侈之一。你可以沉醉其中，盡情享受。在旅館裡，你不必爬出溫暖的窩，自己動手。在家裡，回到床上，和半睡半醒的伴侶一起喝我剛泡的茶，讓我感覺哪裡不對勁，就像小狗和老狗擠在同一個籃子裡一樣。在豪華的旅館房間裡，有專人為你端茶送水，可以讓你們倆都在那美妙的瞌睡中逗留更久。

問題是，客房送餐服務的茶未必高明，而且大半非常差勁。最糟糕的是端上來一杯熱水，茶包連著封套放在碟子上。等服務生把托盤由地下室的廚房端上來，穿過服務通道，搭上電梯，沿著走廊到你的房間，然後等你開門，熱水到這時頂多只剩微溫，不管你多麼急忙地把茶包浸入水裡，它都只會浮在表面上。你用茶匙想讓它沉下去，但它還是漂起來。淡白的雲朵由茶包裡滲出來，為已涼的水染上模糊的色彩。幾乎不可能有什麼滋味——這東西嘗起來主要是紙袋的味道。

稍微好一點的是在搖搖晃晃中端來的壺。在廚房裡先把茶葉舀進茶壺裡，裝滿熱水。接著由廚房把早餐托盤送往你的房間，茶葉在過程中一直泡在壺裡。由於茶的最佳風味通常會在起頭的九十秒內溶出，因此你的茶恐怕會沖泡過度。你倒出第一杯茶，但它細膩的風味很可能已經被茶多酚掩蓋。

茶多酚是茶葉中的一種類黃酮分子，具有兩種特性：苦味和澀感[3]。它之所以會有澀感——你口中的那種乾燥的感受，是因為茶多酚附著在你唾液中協助潤滑的蛋白質上。茶多酚確實會讓你的舌頭變乾，但它們也會與其他蛋白質和脂肪結合，因此茶中的牛奶或司康餅上的奶油霜就會降低它的效果。

如果你用牛奶來平衡味道，稀釋茶壺裡浸泡過久的茶，那也許沒問題。可是牛奶是冷的，而那壺茶在送來的過程中早已涼了，加入牛奶後，會使你的茶更冷。如果是綠茶，在它送到你的房間之前，就已徹底報銷了。

當然，有個辦法可以解決。在廚房裡先秤好乾茶葉的分量，放進茶壺，熱水則倒入保溫瓶中，保持理想的溫度，由客房服務員送進你的房間，等到他把托盤放在床上，才

3編注：原文做「單寧」（Tannin），經請教審定老師之後，茶葉中的澀感來源應稱作茶多酚（Tea Polyphenols），類似酒中的單寧；茶中苦味的來源則是咖啡因。故將全書的「單寧」改為「茶多酚」。茶多酚包含：兒茶素、黃酮醇類、花青素與酚酸等物質，許多研究指出茶多酚對人體有益，但如果沏茶時過度萃取，則會過度釋放茶多酚，造成茶湯出現強烈的澀感。作者不是科學家，偶有誤解，於此說明以利讀者參考。

倒出一杯量的熱水，沖在茶葉上。然後再由你決定茶要泡到什麼樣的濃度。有了熱水保溫瓶，你就可以一邊享用早餐，一邊重複回沖。每一杯都是完美的：燙而甘醇。無論你住在哪裡，都該要求以這種方式泡你的茶。雖然你要費唇舌解釋，但會得到欣喜的回報。

我為克拉里奇酒店設計了這種服務方法。自從成為他們的茶女士後，我就深入酒店廚房，與廚師一起工作。我已了解了他們所有的後台作業，但從沒想到自己竟會在床上實地測試他們的客房餐飲服務。

我頭一次貿然走進克拉里奇酒店時，門房為我開門，並且熱情地微笑招呼：「午安，女士」，彷彿我在那裡是世上再平常不過的事一樣，這是這個地方的精彩之處，沒有人會上下打量你，用你的穿著打扮來評判你。他們真的了解什麼叫做賓至如歸。

熊熊爐火照亮了大廳鵝黃色的牆壁，燈在大理石方格地板上投射出溫暖的光芒。正前方是餐廳，它的上方有一盞巨大的威尼斯玻璃枝形吊燈，餐廳裡綴滿了鮮花。餐桌已經擺上下午茶的擺設，雖然已經客滿，但並不擁擠，而且從來都不會擁擠。趁著等人來帶我去和合作的客座大廚會面的時間，我觀察了這裡的服務，忍不住注意到茶在茶壺裡泡得太久了。我試著不去插手，我真的努力克制，但實在忍不住。經理正在餐廳門口，我走過去問他這間餐廳泡茶的方法。當我開始說明要泡出完美風味的茶，這裡所欠缺的基本條件時，他似乎頗感興趣，但或許那只是出於禮貌。

一位穿著西裝的高大男子走到我身後，問我是不是漢麗耶塔．洛弗爾，他要帶我去見大廚。我請他稍等片刻，讓我解釋完。兩位先生微笑著遷就我。在做了我能做，但可能不該做的事後，我跟著走了。我們穿過一扇小門，離開了酒店公共區的低調奢華，通過嘎吱聲迴盪的明亮瓷磚走廊，向下來到廚房。這裡洋溢著充滿活力的嘈雜聲響，就像勤勞的蜂巢。我們經過擠滿花商、鮮花和花瓶的大房間；穿過端著托盤匆匆忙忙的服務員；和不鏽鋼擦得閃閃發亮的幾間廚房。穿著白色制服的廚師推著幾個大推車的蛋糕。我跟著我的嚮導穿過優雅酒店下面迷宮般的通道，就像在寶塔下方的兔子窩。

那位高個子紳士回頭問跟在他身後的我，為什麼我不等到員工訓練課程時再討論上茶服務，而在服務現場這樣做。我很感激他沒有轉過身來，看到我臉紅。我惴惴不安。我顯然惹惱了他。

我知道自己毫無資格批評他們的茶水服務。我道歉，並解釋說我並非他們的員工。

他突然止步，轉身面對我。我喋喋不休，身體和言詞都畏畏縮縮。他露出微笑，再度轉身，帶我沿著走廊繼續往前走。在滿是閃亮銀罐的行政主廚辦公室裡，他說：「我先把你交給廚師，不過我確實認為我們應該更密切地在克拉里奇這裡合作。」他把他的名片遞給我。這位穿著西裝的高個子竟然是總經理。從此以後，我一直負責供應和管理這家旅館有關茶的各種事務，提供協助，讓他們看似輕而易舉地追求卓越的奉獻。我以身為他們的茶女士而自豪。

我沒有真正的地位，沒有龐大的財富或名聲。然而我卻被迎進了套房，享受屬於樓上貴賓的待遇，就像我也屬於廚房一樣。我的手臂幾乎無法移動，當然舉不起開水壺，但也不需要。這種經驗奇妙非凡，再加上當時我正在服用鴉片類藥物，因此教我更加心神恍惚。

我收到一些試圖讓我比較舒服的禮物。由哥本哈根諾瑪餐廳（Noma）蜂房運來的一小罐玫瑰味噌和一罐蜂蜜，是主廚兼老闆瑞內．雷澤比（René Redzepi）所贈。倫敦聖約翰餐廳的佛格斯．韓德森（Fergus Henderson）給我帶來了埃克爾斯葡萄乾蛋糕（Eccles cake）、鴿子蛋和香檳。麵包大師理查．哈特（Richard Hart）老遠從舊金山快遞了一條他的麵包過來；他手下的小夥子寄來了我曾讚賞過的他們心愛的恐龍冰箱磁鐵。另一位朋友花了數周時間準備了一些雞湯，並且把它們連她花園裡的水果和青菜一起送來。我在珍稀茶公司的同仁為我寄來了喀什米爾羊毛襪和紅色唇膏。我知道我有真正的朋友。我在茶葉天地中的生活遠比我想像的要豐富；與我共事的人不僅僅是同事或顧客而已。

克拉里奇酒店的經歷一直伴隨著我，比外科醫生的刀刃更鋒利。我已經感覺不到手術的疼痛，儘管我可以用指尖追溯銀白色的疤痕。但要不是我先戰戰兢兢地挨了一刀，就不會受到如此溫柔的照顧。

癌症再次改變了一切，有些事變得更美好。我被迫休假，因而有時間思考。我明白了我可以做更多的努力來支持與我合作的茶園。我成立了一個慈善機構，把公司茶葉收入的一部分回饋給農場。珍稀慈善協會（Rare Charity）現在提供獎學金贊助。我開始動手寫這本書。或許我變得更勇敢了，而且明白自己並不孤單。當然，還是脆弱，但因為我周遭有仁慈構造的鋼骨，因而能夠擺出不屈不撓的模樣。

第四章

中國 貴州

Guizhou, China

一首古老的中國情歌，綠寶石春茶

第一天早上，一張熟悉的友善面孔輕輕地來到我在克拉里奇的套房，拉開窗簾。溫柔的手臂扶著我去洗手間，並且在我塗口紅時為我泡了白毫銀尖。我穿著一襲粉紅色的絲緞晨褸，儘管外表看起來很狼狽，但我卻覺得自己好像費雯麗（Vivien Leigh）。多虧了我大口吞下的嗎啡和源源不斷的茶湯，疼痛像諾福克的潮水一樣地消退。行政主廚馬丁．奈爾（Martyn Nail）送來了熏鮭魚、炒蛋和酪梨的精緻早餐，搭配泡得盡善盡美的綠寶石春茶，這是一種色澤明豔的中國綠茶。

那天早上我選擇了綠茶，而非我為克拉里奇調配的傳統調和紅茶，是因為早餐的緣故。真正好的綠茶與煙熏鮭魚和酪梨等富含油脂的食物非常搭配，它會融化你口中的油脂，讓你在兩口食物之間的味覺煥然一新。綠茶的甘甜只會加強，而不會遭到掩蓋。這滋味乾淨細膩，茶湯呈最淡的金黃，但茶體出色，與鮭魚交相耀映，卻不致奪味。

我每次喝這種茶，就會聽到古老的中國情歌。我幾乎可以嘗到心碎的味道，但那不是我的心碎，所以除非我容許它連結到我自己的體驗，否則不會感到傷痛。我可以品嘗深沉的情感，卻不必吞嚥那痛苦。

這悲傷屬於中國西南貴州省山區的一位老人。一個明媚的春天下午，我在成排茶樹之間漫步，欣賞梯田兩側的野玫瑰時遇見了他。黃、白和魯冰花紫的花朵穿插在茶樹叢間，小鳥吱吱喳喳，跟著我在小徑上飛來飛去，蝴蝶懶洋洋地在暗影中穿梭。偶爾我會遇到小群輕聲聊天的採茶人。一位白髮梳得整整齊齊的圓臉老婦正在茶樹叢中拔長得最高的雜草，她抬頭看到我站在那裡，於是用手直指著我，笑彎了腰，彷彿我是被人放進茶園裡取悅她的絕佳笑話。她的聲音並沒有惡意，只是因為我這個荒謬存在而感到由衷的高興。我也笑了，她把雙手合在一起，然後伸向我。我們握著彼此的手片刻，相視而笑。

在一段距離之外，我聽到了音樂。因為茶，我走過許多時間和地方，但從沒聽過有人播放錄製的音樂。我曾聽到歌聲——馬拉威的朋友們在田野裡合唱的美妙歌聲；尼泊爾婦女在整理茶葉時的輕聲哼唱，她們低著頭，沉浸在她們私人的音樂會中——但一直到那時，我卻從未聽過錄製的音樂。

我往前走近，聽到旋律發出了卡式錄音機的尖銳聲響。接著我看到了那位佝僂的老人，他正獨自在工作。他頭戴一頂竹笠遮陽，身穿已經褪成淺靛藍色的藍外套，釦子一路釦到圍著他細瘦頸項的圓領，鬆鬆地掛在他的骨架上。在他那片坡地上沒有旁人，只有他在採摘新鮮的茶葉，緩慢而有條不紊地工作。飄過梯田斜坡的歌聲緩慢、悲傷而古老，它們並非活力充沛的流行歌曲或共產主義的激昂高歌。我辨識得出這是愛與失落的歌曲，由歌聲，也由他低垂臉上的表情。淚水落了下來。他抬頭看著我，雙眼閃閃發光，襯著刺青般深邃皺紋的臉龐，顯得十分明亮。

我突如其來地冒了出來，打斷了他孤獨的悲傷。我已經習慣人們見到我時的驚奇和疑惑。在中國偏遠的茶園裡獨自漫步的外國女性並不多，人們見到我大都是往後退，露出害羞的笑容，或者滿心恐懼地被其他人推過來，站在我身邊拍照。但這位老人只是抬起頭來，彷彿他一直在等我一樣。他悲傷地搖搖頭，繼續工作。我佇立了一會兒，但他一直低頭對著茶樹。在稀薄的山間空氣中，音樂在我們之間徘徊。我快步向前，直到走出他的視線，讓他恢復隱私。在聽力可及範圍的最邊緣，我停下腳步，咀嚼著茶葉的茶梗，思忖歌詞的意思，但並不真正需要翻譯。

那種茶樹已在那些茶園裡種植了數千年，在同一片土地上的相同品種，在同樣的時間採摘，以同樣的方式製作，一成不變，一如心碎。

綠茶可能來自任何茶樹可以生長的地方——印度或非洲、斯里蘭卡或泰國，甚至美國或紐西蘭的一些新農場——但我最喜歡的來自中國。中國人最先種植綠茶，他們生產綠茶已經許多世代，而且他們非常擅長。我總選擇全葉的綠茶，它們經過小心翼翼地精心製作，既保持茶葉的完整，也讓它的風味更清爽，更圓潤，更甘醇。茶葉一碎裂，它的化學成分就開始氧化，就像切開的蘋果會變成褐色一樣，茶就會變得苦得多。

比較便宜的機械加工碎綠茶味道可能很澀，教你退避三舍。裝進茶包的最低等茶葉泡出的茶湯味道平淡或苦澀，得靠著勇氣而非樂趣才喝得下去。但好茶的味道則清雅脫俗，層次豐富：甘醇而滑順，濃烈而清新，有堅果味和花香，圓潤而濃厚。它也可能非常新鮮，就像由剛摘豆莢剝出的豌豆，或多汁草莖的味道。

沖泡綠茶

Making Green Tea

每 *150 ml* 的水用 *2g* 茶葉。

如果你喜歡喝淡一點，就把水加熱至 *70° C*，泡約 *90* 秒；若要濃一點，就把水加熱到 *80° C*，泡約 *2* 分鐘；這額外的 *10° C* 和 *30* 秒會泡出天差地別的味道。你也可以用沸騰的水沖泡，但動作要快——在那個溫度下只需幾秒，茶葉就會釋出味道，如果你動作太慢，茶湯很快就會變苦。

第五章

題外話——英式早餐茶怎麼變成了新紅茶

A Diversion: How English Breakfast Became the New Black

如果你是愛喝茶的英國人或愛爾蘭人，下面這句話可能會讓你大吃一驚，忍不住深吸一口氣，緊皺眉頭，迅速把頭右轉二十度，用斜眼讀這一頁，而不致正面面對這罪大惡極的邪說。

並不是人人都認為混合調製的英式早餐茶是正常的茶。

其實，我可以再更超過一點。非亞洲的讀者，準備聽著：

綠茶才是正常的茶。

在整個英語世界，混合調製的濃郁紅

茶似乎是我們的生活支柱。在美國，紅茶通常是喝冰的，但茶湯則沒什麼差別。我們稱這些混合紅茶為「英式早餐茶」，或通常就稱之為「正常茶」(normal tea)。當然，所謂的正常並不是對每一個人都正常。

舉個例子，我每天正常的咖啡因攝取量，對你來說可能過高。在英國，全國平均是每人每天大約喝六杯茶，而我喝的可能是這個量的兩倍。要是哪天我在品茗室招待廚師，可能會喝再兩倍的量，而當我在茶園裡品嘗不同批次的茶葉時，可能會喝得更多。

綠茶的咖啡因含量低於紅茶，這是最糟糕的一種迷思，有的人甚至認為它是根本不含咖啡因的草本茶。其實綠茶和紅茶是來自同一種植物的同一種葉子，含有相同的化學成分；只是製作的方式不同。沒有人知道綠茶不含咖啡因的誤解是如何產生的，但是以訛傳訛的結果，變成以假為真。

如果正常指的是意見一致，那麼世上有更多的飲茶人士認為綠茶才正常。幾千年來，綠茶一直是中國的日常飲品，而且中國的飲茶人口當然比愛爾蘭和英國的還多。如果我們置身日本，那麼正常的茶就是像煎茶那樣的蒸青綠茶。在香港，可能是烏龍或普洱。如果我們在俄羅斯，那就會是濃烈的阿薩姆茶，可能加果醬增添甜味。在摩洛哥，則是一種綠茶，以新鮮薄荷和香草調味，並用大量的糖增甜。

英國人所謂的「正常」茶，即英式早餐茶，有個與正常相去甚遠的精彩起源。事實上，這是一場大膽的革命。

我們所有的茶原本都來自中國。到第十世紀，中國人確實讓日本人種了一點茶，但一直要到十九世紀，勇敢的冒險家羅伯特．福鈞（Robert Fortune）才為英國人偷了茶樹。福鈞是蘇格蘭人，我的祖母和福鈞有血緣關係，所以他和我可能都有喜愛冒險的血統，只是這話可能希望的成分多於遺傳，但他真厲害。他是植物學家，出身卑微，後來卻當上倫敦切爾西藥草園（Chelsea Physic Garden）的園長，這是當時在他這個領域中最高的職位，為的是酬謝他冒著生命危險跋涉全球帶回稀有的植物，其中最著名的是他偷偷收購的茶樹苗。

當時在中國只有茶葉成品銷售；把茶籽或茶苗帶出境外是違法的，可以判處死刑，而製茶的技術也絕非「開放原始碼」（open-source）。英國人不知道紅茶和綠茶來自同一種植物，也不知道如何種植、培育或生產茶。

貧困的福鈞當然渴望發財致富，他冒著最大的風險帶回了茶樹苗和種子，並且學了一些製茶的祕密。一八四八年，他戴著假辮子（queue，帽子上垂下一根辮子）入境中國，向腐敗的中國官員購買茶樹種子，並且把茶苗藏在竹杖裡。他的狡猾開啟了英國茶業的發展。

福鈞接受東印度公司（East India Company，EIC）的委託，這家公司掌控所有與東方的貿易，擁有政府批准的中國進口茶葉專賣權。另一端的貿易則由中國皇帝控制，他只允許ＥＩＣ的船隻進入香港和澳門，並且只接受金銀付款；不得以商品交換；才剛工業化的英國不能用槍枝、機械或機器製的棉換取它想要進口的絲綢或瓷器（瓷器就稱作china）。中國皇帝對粗鄙的西方文化極為不屑，對他們俗氣的奇技淫巧嗤之以鼻。

茶可能是在公元前兩百年左右，沿著絲路來到歐洲。羅馬人與中國貿易，但他們並沒有得到任何茶葉，大概是因為中國人還沒有打算要分享。一直要到十六世紀，對貴金屬的渴望終於促使中國皇帝以這種珍貴的葉子作為交換。中國的土地蘊藏的黃金極少，也幾乎沒有銀礦。然而經濟發達的龐大人口需要一種交易的媒介：金錢、硬幣，而且要很多。而他們必須以長期穩定供應的消耗品作為交換，這種交換的商品要好到進口商永遠不會滿足才行。那就是茶葉。

這方法果然可行。滿載金銀的船隻向東航行，裝滿茶葉和瓷器返航。隨著英國的渴求不斷增加，貿易逆差大到ＥＩＣ和英國政府都無法接受，於是他們四方尋覓其他可以非法交易的商品，結果發現了鴉片。罌粟在印度和阿富汗這兩個英國殖民地生長茂盛，但在中國卻還無人知曉。

東印度公司不顧中國皇帝的抗議，開始非法向中國出口鴉片，用鴉片換取茶葉，連黃金都省了。但鴉片對上癮者的健康和福祉造成了莫大的破壞。到一八二〇年，憤怒的中國人沒收並燒掉了幾噸鴉片。英國的反應是派遣軍艦沿珠江而上。EIC不僅經營邪惡的毒品生意，而且還得到英國政府以砲艦外交支持。最後中國開放了五個通商口岸，並割讓香港。這是大英帝國的錯誤決定。

接著，中國人沉迷於鴉片，但英國人沉迷茶葉。到了十九世紀初，茶已經徹底滲透了整個英國社會，但中國卻壟斷了茶葉，這很麻煩。福鈞就在此時介入，他把偷來的茶葉帶到了印度。

位於喜馬拉雅山那一側的英屬印度似乎是適合種植茶樹的風土。而實際上，當他們在找地方種植由中國偷來的植物時，英國的植物學家在印度東北部的阿薩姆邦發現了一種先前未曾發現的茶樹品種，一直在那裡蓬勃生長。山茶（Camellia sinensis）只有兩個亞種：中國種（Camellia sinensis var. sinensis）和阿薩姆種（var. assamica）。所有其他品種或由不同茶樹品種雜交出來的栽培變種都來自這兩個亞種，就像葡萄或玫瑰一樣。

阿薩姆種比較不那麼高不可攀；它是低地植物，具有較深的麥芽香特色，擁有的甜味和花香比高海拔的中國姐妹茶少，但它在英國茶的發展中有非常重要的地位。

阿薩姆種製不出好的綠茶，但它確實是非常不錯的紅茶。

在製作綠茶時，得要透過精細的手法，悉心地運用熱度和壓力，帶出細膩、柔淡、優雅的味道。然而紅茶的製作是藉著壓碎或折斷葉片，使它暴露在空氣中氧化，因此帶來更強烈、更豐富的味道。氧化是紅茶製作的關鍵，但在中國卻常被誤稱為「發酵」，這是一種難以打破的語言瑕疵。我曾在中國因我們對同一件事物不同的用語，而作了毫無意義的爭論。唯一真正發酵的茶是黑茶。

壓碎茶葉的過程可以藉由模仿兩手動作的揉捻機來完成。想像兩塊金屬盤，一塊在另一塊上方，機架是木製或黃銅製，上方的揉盤朝一個方向旋轉，底下的朝另一個方向旋轉，茶葉在兩盤之間輕輕滾動，就像位於兩個手掌之間。其他的製作過程，如萎凋、乾燥和加熱，因茶而異，但所有的紅茶都要經過揉捻的程序。十九世紀的英國工業家很高興這可以靠機器來完成。工業革命已降低製作棉布和絲綢等商品的生產成本，現在也可以用來製茶。他們可以打破中國的壟斷，生產更便宜的茶葉，在自己的殖民地種植，而且依舊保持高品質。紅茶也適合海運，因為它已經氧化，而且更穩定。較精緻的綠茶運抵英國時狀態未必良好，因為它們得用四面鑲鉛的木箱運輸，還得承受海風中的鹽。

早期的印度紅茶不僅價格實惠，而且品質很好。有些我搜羅購買的印度紅茶仍用古早的揉捻機以所謂的「正統」方式製作——小量生產，手藝精湛，過程精準；另外也有一些罕見的印度、尼泊爾和斯里蘭卡手揉紅茶。雖然價值不斐，但正統製作的紅茶可能才是真正的美味。

關於揉捻：用稱作CTC（機器製造，CTC是以Crush碾壓、Tear撕碎、Curl揉捲的過程加工紅茶的方法）這種現代工業批次處理方法生產的茶葉不可能真正出色。這種方式是用一台看起來有點像卷筒紙印刷機的巨大機器，有許多閃光燈和開關，機械裝置隱藏在金屬外殼後面。一端送入綠色的茶葉，另一端則送出你在茶包裡發現的棕色粉末。這種作法幾乎不可能創造細微的差別，帶出最細膩的巧克力、焦糖、糖漿、太妃糖和蜂蜜的風味，與令人陶醉的花香或水果柑橘味。就像你也可能會發現很難為即溶咖啡寫品味報告一樣。

殖民地的紅茶開始取代中國茶，但還有另一場革命即將到來。

在中國，好茶總來自某個特定的地方。你可能不知道你所買的鐵觀音出自哪個茶園，但你知道它來自福建安溪。把鐵觀音和生長在福建另一處武夷山的大紅袍混合泡，簡直是暴殄天物，會令人心臟病發、中風、內出血。它們是兩種不同的烏龍茶，來自不同的地方，以不同的方式製作。不同的烏龍茶從不混合（除了像我這樣的瘋子）。幾乎所有中國的茶葉都是如此。

英國人對茶經還很陌生，他們有不同的想法。他們在全新的風土種植福鈞偷來的中國茶樹。來自大吉嶺品種的茶葉與同品種但種植在雲南山區的茶葉味道不同，就像同一品種的葡萄會因生長在紐西蘭的馬爾堡（Marlborough）地區或法國的盧瓦爾河谷（Loire Valley）而有所不同。

此外，他們有新的阿薩姆種茶，這又是不同的風味，而且還可更進一步，創造新的雜交品種。十九世紀的英國植物學家盡情發揮，培育出三千多個品種。而在他們的故鄉，充滿了創造力的維多利亞時期民眾開始思考如果把這些品種的茶葉混合起來會有什麼結果。

最先是由早餐桌上開始。「英式早餐茶」是指搭配英式早餐一起喝的茶，沒有精確的組合，沒有配方。這個名字只是表示搭配早餐食物很適合的混合紅茶，是二十世紀初一名紐約客創造的名詞，用來描述英國人喜歡配早餐喝的那種茶。每一家的早餐茶都會依據個別喜好而各有不同：這家多加一點印度茶，那家多加一點中國茶。配醃魚的茶味道較濃，可能要多加一點阿薩姆茶，而抹了柑橘果醬的吐司則比較適合多配一點淡味的大吉嶺茶。如果早餐吃炒蛋，我就喜歡搭配喜馬拉雅高山茶加一小撮正山小種茶；如果吃蜂蜜吐司，我就用一匙伯爵茶取代正山小種，加入混合茶裡。如果吃烤麵包條沾溏心蛋，我喜歡用兩種中國紅茶各一半混合，祁門紅茶和「帝王早餐茶」（Emperor's Breakfast）。只要用優質茶精心混合，英式早餐茶就可以成為滋味絕美的茶。

這種作法現在看起來平淡無奇，但在當時卻是革命性的作法，不僅僅要種植和使用中國以外的茶葉，而且還要大膽地混合。它產生了巨大的影響，甚至超越了茶的領域。調配茶葉的人正是最先混合調製威士忌的人：比如蘇格蘭基爾馬諾克（Kilmarnock）地方的雜貨商亞歷山大・沃克（Alexander Walker），他的家族後來調製出「約翰走路」（Johnnie Walker）。在十九世紀，格拉斯哥、愛丁堡，以及在蘇格蘭高地和島嶼以外舉世任何地方的人都不太喝威士忌，而是喝白蘭地和蘭姆酒；這些都是進口烈酒。一般人認為威士忌味道粗野不文，大多來自非法酒廠，在蘇格蘭高地的人看來是拙劣的烈酒，品質一定不太穩定，不如蘭姆酒保險。

蘇格蘭的雜貨商在調和茶葉和建立客戶忠誠度方面十分成功，於是他們把注意力轉向威士忌。你可以到沃克的店裡買到品質穩定味道不錯的調和茶，不會有買到劣質茶的風險。何不把同樣的原則應用在威士忌上？直到威士忌經過調和，保持一致性和圓潤平衡的風味，它才進入市場，並開始在蘇格蘭、英格蘭和世界各地蓬勃發展。儘管後來較現代的單一麥芽威士忌興起，但調和麥芽威士忌仍然受到更多人的喜愛。

讓英國在茶界享有盛譽的，正是混合調製的英式早餐茶，許多品牌開始馳名全球，可惜的是，如今這樣的名聲已經大不如前。我拿了一個非常知名的調和早餐茶包給一位中國同行，他竟然不知道它泡出來的飲料是茶。我在中國旅行時發現人們花在茶葉上的開支比例仍然比酒還高，而一談起稀有的調和紅茶，他們確實會肅然起敬。精心用愛製作和調和的好茶，不論在哪裡都會受到青睞。我們的威士忌也是如此。（我說「我們的」，是因為我是蘇格蘭／英格蘭混血，因此可視情況變換身分。）超市的混合商品乏善可陳，但有些混合的成品卻是瓊漿玉液——茶和威士忌都是如此。

對英國人來說，英式早餐茶或「正常茶」已不僅僅是代表早餐或風味。在我們需要安慰或勇氣時經常會用茶。我製作的第一批英式早餐茶是為一位參加過二戰的皇家空軍老兵所調製，美食作家、廣播人和曾在廣告界待過的提姆．海沃德（Tim Hayward）為這茶做的標語是：「在國家危難時讓你堅強，在需要勇氣時讓你冷靜。」

這正是我們英國老家的許多人在伸手取熱茶時所想的。它讓我們堅忍剛強和安心。幾乎可以確定它是濃烈的調和紅茶，加入絲滑的牛奶，撫平它最粗糙的邊際。我們尋覓的是強力、溫暖和充滿了愛的物體，就像我們期待母親那樣。儘管我們知道這話很少成真，但還是喜歡幻想只要靠著我們的母親，或者一杯濃茶，就能解決任何問題。

第六章

千變萬化的混合風味，英式早餐茶

英國　倫敦：由康登到白廳

London, England: Camden to Whitehall

曾有一度，我每天早上五點就開始工作，總覺得筋疲力盡，而且惶惶不安。請不要把我想成對工作抱著狂熱，效率超高的產業鉅子，而是想像一名女性獨自在冰封的森林裡，瘋狂地摩擦兩根冰棒棍生火。

我創辦了一家公司，需要我四處奔波，直接向種植和製作茶葉的茶農採購稀有而怡人的茶葉。然而這個工作也有教人不那麼嚮往的一面，以前如此，迄今依然：如何把他們的茶葉由偏遠的山坡運出來；如何進口、包裝、分銷、出口，把茶葉銷售到全世界。幾年後，我的企業雖然相當成功，但沒有足夠的經營人才，也沒有足夠的收入聘雇更多的員工。隨著公司開始發展，我們卻不知所措。

我每天工作大約十四個小時。但有一年冬天，工作團隊裡一名重要的成員突然離職，我的工時就增加到每天十八甚至二十小時。我幾乎沒有時間社交。要不是有茶，我根本活不下去。咖啡能為你帶來快速的衝擊力，讓你行動，但茶卻能帶來持久的支持。

那個冬天，在寒冷的黎明之前，我像抱著救生筏一樣握著杯子，等著電腦啟動。我心神恍惚地坐在那裡，幾個小時前才上床睡了覺，因為太疲憊而無法撐下去。倉庫裡的存貨不知去向，發票既沒有付款也沒有開立，這一切都讓我即使失去意識依舊無法休息。我一次又一次地驚醒，腦海中的白板浮現的是用奇異筆寫上的相同焦慮。

那時的辦公室設在我的公寓裡，那是在倫敦北區我用工作室改裝的一個很小的公寓。我的臥室原本是廚房，如今卻配備得像船艙，書和衣服都排在牆上，我的床則高高地架在抽屜上，充分利用每一公分的空間。除了走廊那頭的一小間浴室和貯藏空間之外，僅有的另一間房間兼作廚房／客廳／品茗室／辦公室。一箱箱的茶葉堆到天花板上，筆電、印表機和檔案文件堆在搖搖欲墜的推車裡。如果我需要一點生活空間，就把推車推進櫥子裡。房間中央是一張繼承而來的喬治王朝時期（一七一四至一八三七）餐桌，上面蓋著亞麻桌巾。我們圍著它，坐在苔蘚綠天鵝絨的軟墊椅上，那是我在紐約包厘（Bowery）街買的，是另一段時期，另一個人生。我用愛德華時期（一九〇一至一九一〇年，英王愛德華七世在位時期）的玻璃櫥作廚房櫥櫃，存放在裡面的茶杯是手繪的。我們使用銀製餐具和日本手工製作的盤子，並且自己煮湯為食以便省錢。

巨大的窗戶占據了這兩個狹小房間的中心。光線由外面開放的空間湧來，淹沒了我們狹窄的住處。所有的物品各安其位，但東西太多，空間太小，房間難以容下我們四、五，甚至六個人。團隊成員下午離開，讓我能在那裡主持品茗，和與我們合作的廚師和顧客開會。等他們一離開，我就在那裡調配顧客訂製的調和茶葉，並品嘗世界各地茶農寄給我的新收成。之後我再回到文書工作。

幸好我只要由一個房間搬到另一個房間，就可以開始我的一天。那個陰暗的冬天寒冷刺骨，老舊窗戶的古董玻璃嘎嘎作響，暖氣沒力，而且我也負擔不起。我坐在嗡嗡作響的電腦前，等著螢光幕由空洞的黑暗中重現光線和複雜。我用雙手摀著杯子取暖，啜飲一口濃烈的紅茶，它迫使我睜眼清醒。它在我身邊支持我，在我手中，讓我從內到外都感到暖和。

不論是過去還是現在，茶都是我的靈感來源，茶塑造了我。但我的人生也塑造了我的茶。

如今，在較輕鬆的時候，我養成了早上泡一杯精緻白茶的習慣，但那時不然，清晨五點的我非但不再睡眼惺忪，而且心急如焚，需要更強烈，截然不同的繆斯。我沒有享受細緻樂趣的空間：非得喝濃釅的紅茶不可。我故態復萌了，沒辦法，我是英國人。在情況真的非常非常糟糕時，我們知道自己需要什麼。所以我開始調配一種調和茶葉，來滿足這種需求。

這些年來，我為許多不同的個人和企業調製了很多英式早餐調和茶，大家總認為我們只需要一種英式早餐茶，彷彿那可以適合所有的需要，但我不以為然。那年冬天我調製了最濃烈的英式早餐茶，稱之為「快速早餐茶」(Speedy Breakfast)。我知道需要什麼：風味，大量的風味。深沉、濃重和麥芽味。我調和了我所能找到最濃郁的茶葉，大量加重麥芽風味，調出像麥提莎麥芽脆心巧克力球（Maltesers）和好立克（Horlicks）麥芽飲品那種撫慰的效果。我投入最濃的茶多酚以求深度，但加重了巧克力和焦糖，建立甜味的架構。我排除了所有會被牛奶掩蓋的清淡細膩的風味。

接著我讓它能很快就泡出滋味來。我把其中的一些茶葉切細，讓它們非常迅速就出味，提供一開始的活力，隨後是較大葉片同種茶葉的豐潤口感。我試圖以立體的方式製茶。不是細微的單線繪畫，而是有雕塑感的東西。

但英式早餐茶可以有多種面貌，濃醇不是唯一的優點。

我為泰瑞．克拉克（Terry Clark）調製的早餐茶較為雅緻。泰瑞是英國皇家空軍退伍軍人，他參加了不列顛戰役（the Battle of Britain，英倫空戰），這是二次世界大戰的重要轉折點之一，儘管英國皇家空軍寡不敵眾，置身險境，卻保衛國家免受空襲。我調製這早餐茶作為送給泰瑞的禮物，讓他回憶戰前，在實施配給制之前的茶。他的茶讓人想到的是一個低調感性的時代。我們在烏茲河畔林頓（Linton-on-Ouse）空軍基地會面，這是英國皇家空軍訓練噴射戰鬥機飛行員的地方。我想方設法安排到那裡為《衛報》（*the Guardian*）的網路報做一個關於茶葉和英國皇家空軍歷史的紀錄片。海軍給水手們喝蘭姆酒以提振精神，陸軍給士兵喝啤酒，皇家空軍的飛行員需要鬥智鬥勇，所以他們喝茶。我在他們的食堂為飛行員泡茶，並且經人介紹認識泰瑞，深深為他溫文儒雅的魅力、無窮的幽默和驚人的謙虛感動。

我從沒想到這種茶會要給泰瑞以外的任何人喝，但有一天，我接到白廳（Whitehall，指英國中央政府所在地）的電話。

招來一輛黑色計程車，對司機說：「請到白廳，國防部。」的確教我感到興奮。茶帶我經歷了一些奇特的冒險，但這是最出乎意料的一次。要進入國防部前，你得先通過一間防彈氣閘室。在遼闊的大廳裡，大理石柱高聳在大理石地板上。穿著藍灰色制服的男人胸膛上掛著翅膀，袖子上環繞著金色的穗帶，勸誘我加入他們的計畫。他們請我為他們製作泰瑞的茶，好為他們的退役軍人慈善機構——皇家空軍協會的「翅膀的請求」（Wings Appeal）籌募資金。我不能拒絕他們。由二〇〇九年的那一天開始，我就一直在製作皇家空軍茶，每一罐捐出五十便士。

我曾在改作防空洞的廢棄地鐵站沖泡皇家空軍茶，戰時許多地鐵站都有這樣的用途；我也在曾用作移動食堂的三軍合作社貨車廂；在(靜止不動的)旋風戰鬥機(Tornado)機翼上泡皇家空軍茶。我非常榮幸能與許多二戰老兵共處，泰瑞也仍然是我人生的摯愛。

皇家空軍茶是為像泰瑞這樣勇敢的飛行員而調製，他二十出頭那時就準備駕著蒲福（Beaufighter）、噴火（Spitfire）或蘭卡斯特（Lancaster）轟炸機面對敵人。（許多了不起的女性也在戰爭期間駕駛飛機，只是禁止她們參與戰鬥。她們在幕後的貢獻難以估量，而且大部分都不為人知。）這個穿著藍灰色制服的纖瘦年輕人，他的頭髮向後梳，像河裡的石頭一樣光滑而閃閃發光，他瞇著眼睛透過藍色的香菸煙霧看著你，一綹粗髮垂在一隻眼睛上，笑著的嘴上方長著稀疏的鬍子。他不知道害怕，儘管他在酒吧裡以琴酒向長串名單上己逝的朋友致敬，然後把自己厚重的羊毛大衣披在酒吧裡穿著單薄洋裝的女孩身上，領著她走出酒吧，踏進寒冷的黑夜裡。

皇家空軍茶是在警報響起，他必須攀上他的噴火戰鬥機前所需要的飲料。它雖濃重強烈，卻也有一種輕盈和優雅，有大吉嶺的花香提味。它的麥芽味背後有一種細緻感。這是堅韌和勇氣，而非重量和肌肉。它是為也是由知道前方危險但並沒有厭倦戰鬥的人而調製。

在那之後我又有了一些經歷，「快速早餐茶」就是例證。雖然它可能缺乏在藍灰羊毛下的優雅絲縷，但依舊具有黑色機車皮夾克的激動渴望。英式早餐茶永遠應該要有力量，但請不要以為它非得強烈不可。在克拉里奇酒店，溫布頓場上的球員或者在皇家賽馬會與女王同台比賽時，需要更細微的味道。我添加了最甘甜的中國紅茶，帶著蜂蜜和焦糖味；喜馬拉雅山的芬芳；一縷煙霧，少許明亮的酸度。

美味有不同的境界，甚至我們自己的口味也不會一成不變。不同的時間和心情需要不同的回應。然而可以確定的是，不論你在任何時候選擇英式早餐茶，只要它是真的好茶，就比較可能會成為支撐你的靈丹妙藥。它總是強烈而幽暗神祕，為你注入必要的活力，它是詹姆斯·邦德，或是你那在短褲裡放著手槍的母親。

製作英式早餐茶

Making English Breakfast Tea

每 *150 ml* 的杯子使用 *2.5 g*（一茶匙）。如果不加牛奶，水應該約 *80° C*，如果要加牛奶，則用 *95° C* 至沸騰的熱水。泡 *1* 至 *3* 分鐘。*1* 分鐘可泡出淡雅的紅茶，*3* 分鐘則適合加牛奶的茶湯。

※ 編注：本書收錄的泡茶配方，作者大多時候會標注一種以上的計量方式，各量尺間僅粗略相等，如此處，讀者假使有食物秤，可以秤 2.5g；如只有茶匙，就使用一茶匙的量即可。端看手邊有的器材因地制宜。

第七章

踏上新大陸，失落的非洲珍稀茶

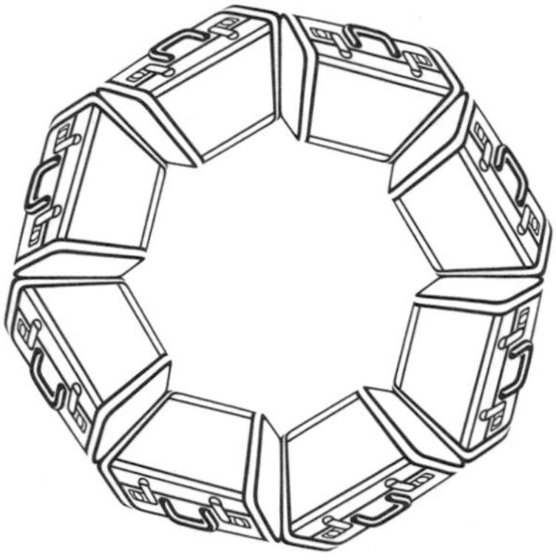

馬拉威　塞特瓦莊園

Satemwa Estate, Malawi

我畢生最特別的製茶經驗，就是把出自同一產地但品種不同的紅茶混合在一起，呈現單一風土所包含的莫大複雜性。這個作法始於郵局送來的一個包裹，我翻來覆去地檢視這個貼滿了鮮艷郵票的小盒子，盒子上的郵戳是「馬拉威」。我一打開，發現這盒子原來是玉米片的包裝盒。我並沒有抱多大的希望，因為我認為非洲茶葉品質低劣，是商業用茶；我知道很多茶包出自肯亞和馬拉威。我沒有料到接下來會品嘗到什麼樣的味道。

我仍然記得最初啜飲那幾口的驚喜。這茶的味道內斂而高雅，有一種豐富而熟悉的感覺，彷彿某人強壯的手臂呵護著你，但除此之外，它還有我只認為最好的中國茶才有的甘甜。它雖然完美，但我隱隱感覺這種茶應該也可以加點牛奶試試。雖然這杯茶我還沒喝完，卻已經披上外套，出門去買牛奶。結果非常美妙：加了牛奶之後，它變得甜得離譜，帶著焦糖味，簡直像冰淇淋一樣，就像茶味的冰淇淋。最好的中國和大吉嶺紅茶，真正美味的紅茶，只要完全被牛奶覆蓋，味道就會變得虛無縹緲，像幽靈一樣。而這種茶卻像著了魔的擠奶女工一樣，四處潑灑，乳香四溢。我非得去會一會製作它的人不可。我氣自己竟然忽略了一整塊大陸，完全沒有想到非洲可能出好茶。

不到幾周，我就飛往南非約翰尼斯堡，然後由一架舒適安全的大飛機轉搭一架小傢伙，駕駛艙的門是開的，機師戴著鏡面的飛行員墨鏡。空服員遞給我們鮮橙色的飲料，濃稠如糖漿，像還沒稀釋的濃縮柳橙汁。於是我們出發，前往布蘭泰爾（Blantyre，馬拉威最大的城市）。一路上熱鬧非凡，機上滿載返鄉的當地民眾和援助人員。（這陣子我飛往那裡，機上則坐滿了中國生意人；新的非洲殖民已經展開。）

那時布蘭泰爾的機場看起來像是板球館，群眾站在看台上觀看，一等飛機著陸就揮手致意。寄包裹給我的亞歷山大・凱伊（Alexander Kay）帶著他的幾個孩子也在那裡。

亞歷是馬拉威人，在當地土生土長，會說當地所有的方言。他的蘇格蘭血統對他固然是有趣的故事，但他從沒有去過蘇格蘭。他住在莊園內一棟本地風格的房子裡。他最特別的一點是他並沒有擺出高傲的姿態。我在整個茶界看到許多家長式領導人的倨傲，而且不是只有非洲或印度的白人才有。這種態度與其說是關乎國籍或膚色，不如說是來自於財富和地位。亞歷以同樣體貼尊重的態度對待每一個人，他文雅、親切，真正值得尊敬。我想他根本沒有意識到這點；他從未想到待人處世還有其他的方式。

我們開了約一小時的車到農場，看到人們住在路旁、棚子、幾乎甚或完全沒有基礎建設的簡陋小村落，穿過如此富饒和翠綠的土地，教我大感驚訝。我拋開原本對非洲炙熱乾燥的印象。那片動植物豐饒的紅色土地是個啟示：不論在塞特瓦莊園（Satemwa Estate）撒下什麼種子，它都會生長。這是一個大農場，位於夏爾高地，雇用約兩千人，並供養更廣大的一萬六千人社區。

在品茗室裡，亞歷陳列出他從農場製作的茶葉。我從來沒見過一個茶園裡能出產這麼多種的茶葉。整個上午，我們沿著品茗杯一路前進，我明白我要調製美味早餐茶所需的一切全都在那個房間裡。我不必到天涯海角去尋找；我所需要的所有味道都排列在那張瓷磚桌子上，就在那間漆成白色的房間裡。

單一茶園的調和早餐茶與一般製作現代英式早餐茶的方法相去甚遠。在調製英式早餐茶時，一般很少會只用一個茶園的茶葉，而不添加來自阿薩姆邦、印度或斯里蘭卡的茶葉。我曾見過使用數個大陸多達六十個不同茶園的茶葉，以求在適當的價格點上調製出均衡的味道。儘管有這些過度複雜的成分，但它們的味道卻平淡無奇，毫無特色——刻意如此。

但這些現代的常規慣例未必放諸四海皆準。茶未必得為了成本和顏色和順口而調製，它可以標新立異，獨樹一幟。我和亞歷製作的「失落的馬拉威」調和茶（The Lost Malawi）就嘗試表現塞特瓦難以言喻的獨特。這裡的品種、環境和季節有這麼多的多樣性，輕易就可以打破規則。而我也樂於偶爾這麼做，看著西裝革履的老先生拿著審茶匙，朝著我喋喋不休。

亞歷山大的祖父起先種植橡膠。橡膠滯銷後，他四處觀察，尋找其他可以栽種的東西。當地的耶穌會傳教團帶了一些茶樹種在他們的花園裡。這些植物是傳教士由中國帶到愛丁堡皇家植物園，再由那裡前往馬拉威。那是馬拉威所種植的第一批茶葉；當時是一九二〇年代，茶葉價值高，這些茶樹也長得很茂盛。

他祖父的房子已經改建為旅館。我待在那裡的第一天，在筆記本裡寫了如下的文字。這本筆記本通常是用來讓我匆匆記錄價格、收穫時間和風味的筆記：

這麼多的鳴叫、啁啾和歌唱，就像在鳥舍裡一樣。

我從罩在我床上的棉網下鑽出來，走上陽台，看到壁虎和蝴蝶和蜻蜓，還有向下俯衝的燕子。

身材高挑，舉止文雅的女子穿著鮮豔，沿著樹蔭斑駁的小路，置身一望無際的茶園之中，在明媚的陽光下婀娜多姿地穿梭，一邊平衡她們頭上頂著的大籃子和包裹，一邊緊握著在她們身旁雀躍的小孩的手。

一位臉孔黝黑，臉上布滿皺紋的老人，身穿藍色連身工作服和黑色的破舊長筒雨靴，拿著一把破舊的鍍鋅澆水壺，在小池塘和陽台上的盆栽之間穿梭。他把澆水壺放進老舊的石砌池塘裡，小心翼翼地避開小小的紅魚。

體態優美的葛蕾絲把茶端來給我，並且駐足和我聊她的孩子。要是在另一個世界，她可能已經是模特兒或電影明星了。房間裡擺滿了水罐，插著由花園剪下來的玫瑰。松鼠和嬰猴在草地上的大無花果樹上追逐，九重葛沿著牆壁攀爬，挺拔的睡蓮在池塘中搖曳。空氣中瀰漫著濃郁的茶香和燃燒木頭的煙味。

那天，亞歷和我品嘗了來自這個農場不同區域生產的獨特馬拉威調和茶。每一塊地都有它自己的特色，而且每一塊地每一次收穫的茶葉都不同。山坡的坡度，雨水滲入土地的方式，土壤的酸鹼值，面對日出和日落的角度，都會決定光線停留的時間，海拔高度、遮蔭的樹木、茶樹的年齡和修剪周期，以及其他無數的因素都會影響茶葉的風味。我們嘗遍了整個農場的茶葉，試了各種不同季節的收穫，直到調配出我們可以引以為傲的精確調和茶。當然，它還沒有達到我們雄心壯志的目標，但我們的探索也還沒有結束。

就如每一種調和茶一樣，每個季節它都必須重新配製。天氣的變化，尤其最關鍵的是降雨的時間和持續的長短，以及生長季關鍵期間的雲量，都會對茶樹產生巨大的影響。氣候變遷是持續的挑戰。熟悉農場，了解不同地區的土地和收穫的季節，會讓你得心應手；能夠用一種茶葉取代另一種，或者改變不同茶葉的比例，以保持和改善風味。要如此了解這些農場並不辛苦，尤其是和像亞歷山大這樣的茶農，以及那麼好的茶。

另一位亞歷山大為這種調和茶取了名字。小說家亞歷山大・麥考爾・史密斯（Alexander McCall Smith）熱愛這種茶，說它讓他想起茶從前的味道。他問我以往的茶味到哪裡去了，我們是怎麼喪失了那個味道的。我認為那是始於二次大戰期間實施配給制的時候。除了政府發的茶葉之外，我們什麼都得不到。德國潛艇包圍了這個島國，試圖阻止補給物資輸入，因此英國政府控制了生活必需品：食物、燃料和茶葉。我們無法想像英國人能夠在沒有茶的情況下經歷戰爭，但在戰時只有一種限量的茶，而不能上超市讚嘆貨架上的各種茶葉商品，購買你喜歡並且負擔得起的茶。當時茶葉是政府與農場簽訂合約購買，完全根據價格決定，讓英國度過最黑暗的時期。人民並沒有抱怨不滿；他們習慣了。任何可以沖掉他們被炸毀家園的灰燼和磚石塵土的東西都好。

那可能不是最好的時代，也不是最好的茶葉，但在他們最需要它的時候，它就存在那裡。茶葉配給直到一九五二年才結束。在中國發生的革命和世界大戰改變了國際貿易的形態。好茶變得極其稀有，人們也習慣於放棄失去的愛。

「多麼浪漫——失落的茶。讓我們把它叫作『失落的馬拉威』。」他說。

像史密斯這樣的文字大師為你取了一個名字，你當然就該把它放在茶罐上。然而人們不知道它是什麼樣的茶，所以我們不得不給它一個相當長的、冠冕堂皇的標題，就像義大利貴族一樣：產於單一莊園的英式早餐茶，失落的馬拉威。他已經解決了一個問題——說明了它的出處，給了它一點浪漫，但我們仍然需要讓顧客有理由把它由貨架上拿下來品嘗。於是他不要報酬，出於善意，寫了三則故事，與茶葉一起放進茶罐。

在史密斯的幫助下，「失落的馬拉威」大獲成功，而且迄今依然。它打進了維特羅斯

（Waitrose）連鎖超市，是第一種上了英國超市貨架的非洲原葉茶，或者該說是英國上架茶葉中首次被認定為非洲茶。我在貨架上看到它時不禁落淚：儘管這景象原本就極有可能，但卻也難以置信。我站在那裡盯著放茶葉的走道，用手背抹去眼淚，卻被睫毛膏弄髒了。一名在那裡工作的年輕人走過來問我需不需要幫忙，我說：「我只是很高興。」他點點頭，睜大了眼睛，緊抿著嘴唇，轉身離去，把我和我的眼淚留給一種難以理解的幸福。走到外面的街上，我在商店櫥窗看到我反射在窗上的臉龐，睫毛膏抹在我的臉頰和鼻子下面，像啞劇演員的鬍子。

茶葉是馬拉威第二大的出口商品，僅次於菸草。但如今馬拉威茶葉在拍賣時的價格通常比生產成本還低，只有巨型工業化農企業才能用全自動化的農場大量生產廉價茶葉，以增加大品牌茶包的產量。他們雇用季節性勞工，而且勞工很少；一切幾乎都是機械化生產，而且他們有巨大的規模經濟。

規模較小的農民不能光是把所有的植作都拔起來，隨興種植別的東西，看看結果如何。過去二十年來，凱伊一直努力重建生產他祖父開創的高品質茶葉，製作越來越好的茶。他對他的社區有責任：這是他們的生計，他也盡可能雇用最多的人，而不採用自動化，一年到頭都是如此。馬拉威茶的風味特徵與亞洲茶不同；它帶來新的驚喜。亞歷山大知道他土地的每一分每一吋，而且全心全意投注在如何展現他所調製的茶的獨特品質。

幾年前，亞歷在農場的某一區塊工作時，注意到在採茶過程中有一股奇香。由茶樹折下一心兩葉之際，新鮮葉片流出的汁液讓空氣中散發出成熟核果：杏子和桃子的香味。儘管他竭盡所能，卻無法在茶葉成品中捕捉到新鮮茶葉的香氣。他嘗試製作綠茶、紅茶和烏龍茶，並且像製作白茶一樣只讓茶葉自然乾燥，但結果並不理想。茶葉雖隱隱約約有水果的香氣，但卻沒有濃郁的味道。

要辨識一小塊土地和一種獨特的品種，結合起來可以產生教人驚艷的結果，但在茶裡卻無法捕捉到它，你可以想像這樣的挫折。十年來，他一直在這一塊地上實驗。然而最後的答案卻並不是在工廠，而是由他的廚房裡洩露出來的。當時他正要煮蕃茄，因此由藤蔓上摘下果實，這時他突然明白香氣是由哪裡來的。我們喜歡買帶莖蕃茄，不僅是因為它們看起來漂亮，而且因為它們聞起來比較香。如此強烈的氣味不是來自蕃茄植株的果實，而是它毛茸茸的莖。廚師明白這一點，超市明白這一點，而我們可能只明白我們願意多付一點價錢，因為不知何故，帶莖蕃茄就是比較「有蕃茄味」。

我不能透露，也不知道「馬拉威鹿角茶」（Malawi Antlers）具體的製作方法，但我可以告訴你這是一種白茶，用正在生長的嫩莖而不是葉子製作。之所以叫鹿角，是因為它的形狀像小鹿的新角。這是非常特殊的收成，而且就算幾年後全面生產，這一塊地一年也只能生產大約四十公斤的鹿角茶成品。

我頭一次把鹿角茶帶回英國時，只有幾公斤，獨家出售給肥鴨（Fat Duck）餐廳的赫斯頓．布魯門索（Heston Blumenthal）。那是二〇〇〇年代中期，肥鴨餐廳正名聞遐邇。不出所料，馬拉威鹿角茶頗受矚目。我們全都非常感激，也很高興馬拉威茶受到注意，可是當我收到亞歷山大發自馬拉威的電子郵件時，可就沒那麼興奮了，他說有一家非常大的英國茶葉公司提議，要不計代價買下他下一季全部的收穫。但亞歷是我的朋友，他想出一個計畫。製作鹿角茶的這個獨特方法可以用在任何土地上。亞歷山大出售其他田地所生產的茶葉莖，獲得非常好的價格，遠超過他向我收取的費用。它們看起來和味道都很棒，但卻沒有令人驚艷的桃子和杏子味。他把那塊地保留給我；真正是善意之舉，我永遠為此感激。

調製馬拉威鹿角茶

Making Malawi Antlers Tea

鹿角茶最了不起的一點就是它們會越泡越好喝。水滲入茶葉莖更深處，味道也隨著每一泡而變化。杏子味還在，但在柔美甘甜的水果背後，會淡淡流露出更深沉的木質鮮味。它真的變得越來越神妙。我總把這茶一泡再泡。

每杯使用 *3 g* 茶葉。

第一泡加入 ***150ml*** 沸水軟化茶葉莖，並浸泡 *2* 分鐘，但即使時間超過，也不必擔心。浸泡木質的莖需要時間，而且它的茶多酚含量不多，所以就算浸泡 **5** 分鐘或以上，也不會有任何不良後果。

在每一泡之間，水不必重新煮沸。每一杯茶會更涼，但茶莖會更柔軟。等茶莖的味道開始變淡時，你可能得要延長浸泡的時間，而且如果水太冷，就必須重新加熱，但不要放棄它們。我曾用同一個茶壺泡了 *11* 泡。

有一位好萊塢影星對這種茶非常著迷，整天都喝同樣一把莖泡的茶水，放棄了除了水以外的其他飲料。她一醒來就喝第一杯，睡前還會喝最後一泡。儘管這成了她日常的習慣，但她還是決定不了哪一泡最美味。我們之間有著最奇怪的對話，總是在談鹿角茶，我們倆對它從不厭倦。

第八章

茶女士的美國冰茶，桃福餐廳冷泡茶

美國　加州 西好萊塢

West Hollywood, California, USA

有些夜晚，你喝的可能不只是茶而已，而在次日早晨，你可能忍不住想要用茶以外的飲料拯救自己。在放縱的璀燦夜晚之後醒來，不免有開瓶香檳來對抗苦澀清醒的誘惑，或者想要把你恢復清醒的希望傾注在一杯血腥瑪麗之中。然而我們都明白真相：酒精不是解藥；它只會把宿醉推向更深的宿醉。如果有狗咬你，被牠再咬一口只會一樣疼痛，甚至可能更疼痛。我不是說我不會以醉止醉，我曾有過宿醉醒來，結果再度喝得興高采烈的光輝時刻。但我想告訴你一種治療宿醉的方法，而不是要帶你暢飲狂歡。

加州有一家旅館的菜單上列了一種叫「宿醉救援」（Hangover Rescue）的茶，那是我在科切拉音樂節（Coachella Music Festival）工作，為貴賓製作冰茶，經歷了特別頹廢的一晚之後，把它列在上面的。我和這家旅館的常客與貴賓一起狂歡，接著領悟到這是一家與眾不同的酒店，我有照顧賓客的義務，必須提供他們解救宿醉的方法。

這家旅館就是西好萊塢的馬爾蒙城堡酒店（Chateau Marmont）。它坐落在日落大道上方的小丘上，是一座一九二〇年代漂亮的白色城堡。霍華德·休斯（Howard Hughes）曾以此為家，葛麗泰·嘉寶（Greta Garbo）曾在它僻靜的花園小屋幽會，酒吧裡也曾有愛娃·嘉納（Ava Gardner）的身影。約翰·貝魯西（John Belushi）在那裡服藥過量，要是我能早點來到這裡就好了。這座城堡仍然是聚會的好地方，能夠保護住客免受人們的窺視和狗仔隊。在浴室的櫃子裡有蠟質耳塞，房間裡放滿了標準規格的酒，而非微不足道的迷你小瓶。

這座旅館是以公寓建築作為設計構想，因此大部分房間比較像套房，許多都保留了原先的裝飾藝術廚房，配上火箭形鍍鉻把手的巨大白色冰箱和搪瓷琺瑯瓦斯爐，這是泡茶的理想地點，或者調製雞尾酒，那是我答應要做的。我在科切拉認識了一些來自洛杉磯的人，調製了可能是他們在科切拉品嘗過最好的冰茶。一位英國茶女士在這個內華達沙漠的音樂節裡，顯得很不協調，必然會引人注意，何況我調製的冰茶非常好喝。我認識了很多人。我在茶裡加了酒，在醺醺然之際，我邀請了一些人幾天後等我們回到洛杉磯時來喝雞尾酒。我對這個邀約確實有一點模糊的印象。

冰茶很有意思。我剛開始與紐約桃福菜肉卷吧（Momofuku Ssäm Bar，Ssäm 是指韓式生菜包肉卷）餐廳的夥伴合作時，他們給我出了一個奇怪的難題：他們想要茶，但只想要冷的茶。此時我已奮鬥多年，一直在努力讓茶打進餐廳，作為結束佳餚的完美方式。張錫鎬（Dave Chang）和他的主廚麥特·盧杜弗克（Matt Rudofker）卻不想如此。他們要的是可以配餐點喝的茶，冰茶。我從來沒有朝這個方向想過，但張錫鎬對美國餐飲業產生了巨大的影響，而我也想對美國餐飲界產生巨大的影響，所以我開始思索。

那時我對冰茶的評價很低。早年我住在紐約時，曾喝過無數次冰茶，始終不喜歡它。它不是苦澀無味，就是含茶色的糖水。在我看來，冰茶多半只是因為它的顏色和咖啡因而存在，除了茶多酚之外，嘗不出什麼味道。但是桃福旗下有一系列不按牌理出牌的出色餐廳，他們不想要現成的東西。美國的冰茶通常是用沸水長時間沖泡大量廉價的紅茶，冰鎮後再加入大量的糖。在紐約，未必像美國南方那樣加糖；他們泡得比較淡，然後倒入裝滿冰塊的玻璃杯上，加一片檸檬。根據我的經驗，這可不是美味的茶。

我們第一個革命性的想法是要用好茶。這樣做之後，味道是有明顯的改善，但並不穩定。我們泡一些美味的茶，但它持續不了多久。泡好之後二十分鐘，風味就變了，而且隨著風味變淡，味道也一直變化。我們花了一點工夫研究浸泡的方法，但問題是茶葉的細胞結構。一旦你加入熱水，茶葉細胞就會破裂，茶也就開始氧化。這種氧化會使味道迅速變淡。我和幾位侍酒師朋友做了一些實驗。我擺出幾杯同樣的冰茶，每一杯放的時間都比下一杯多二十分鐘。如果茶在餐廳營業時間裡放了四個小時，這個實驗就可以複製出茶的味道在那段時間中如何變化。每個侍酒師都以為每一杯裝的是不同的茶，而且他們都喜歡第一杯。

我不能生產品質不穩而且持續下降的茶。我不能讓餐廳為某些客人提供美味的冰茶，卻讓其他客人喝沒那麼好的茶。更糟糕的是，如果茶加了糖，幾天後就會開始發酵。我喜歡做得好的康普茶（kombucha，由稱作 SCOBY —— Symbiotic Culture Of Bacteria and Yeast 的細菌和酵母菌共生菌體發酵浸泡而成的茶），但得非常小心掌控，才能讓它美味，而且不能隨便亂做。所以任何剩下的茶都要倒掉——這是一種痛苦的、昂貴的浪費。

我聽說澳洲人會泡「太陽茶」（sun tea），基本上就是把茶葉放在窗台上的冷水裡浸泡一整天。這種茶的味道應可持續整周。茶味藉著滲透，由茶葉淡淡滲出，而不破壞茶葉細胞。經過一番實驗，我發現其實不需要太陽；放在冰箱裡更安全。你可以把冷泡茶保存數天，而不會降低它的品質。它的味道穩定。

更重要的是，在冷水裡溶解的味道比熱水釋出的更甘甜，更柔和，不會溶解那麼多的茶多酚，因此不需要加糖；原本的風味就很完美。溫和而清爽，但卻又複雜得迷人，以這種方式泡出最好的茶搭配食物，幾乎勝過任何其他飲料。

想到英國茶女士開始改造美國的冰茶，教我非常開心。現在我和全世界的餐廳合作，把冰茶放在飲饌配對菜單上，與葡萄酒並列，取代果汁，或者作為絕妙的替代品，取代那瓶慳吝乏味的白水。

要泡出更經典的冰茶，必須要用紅茶。我知道你在我寫出來之前就知道我要說什麼：用好茶，味道會更好。但有點出人意表的是，你不必用最好的紅茶做冷泡茶。原葉茶的表面積和體積比很小，使茶葉在冷水裡較難泡開，有些碎葉等級的茶葉效果會更好。用熱水泡茶時可能過強的茶多酚在冷水中不會如此，因為茶多酚需要熱才能溶解。較甜、較細膩的味道有了發揮的機會。當然，這全都是相對的。不論你怎麼泡，廉價的商用茶都無法讓你開懷，你需要製作好產品的茶園好茶，只是不必是他們最頂尖的茶。

還有一件事要補充：用熱水沖泡原葉茶幾泡之後，把這些茶葉保留下來，加點冷水，放在有蓋的罐子裡。兩茶匙[4]泡過的茶葉就可以泡出足夠一果醬罐量的冰茶，把它們放在冰箱冷藏幾小時或一夜，然後濾掉茶渣，就是可口的冷泡茶。雖然它不能放太久而不走味，但至少到第二天味道還是很好，而且這個方式不會浪費一丁點美味。和我合作的一些餐館用沖泡過的茶葉來做冷泡茶，供應次日的員工餐。我們曾經與紐約名廚丹．巴伯（Dan Barber）合作，在塞福里奇（Selfridges）百貨公司的屋頂上用沖泡過的茶葉製作了一整個下午的茶，為的是要證明我們隨手就當作廢物丟棄的茶葉很有價值。

4 編注：原文為「Dessertspoon」甜點匙，介於茶匙和湯匙（Table spoon）之間，約等於兩茶匙，因中文食譜多以茶匙跟湯匙為量匙，所以全書提及甜點匙的部分，均改為兩茶匙，以利讀者參考。

製作冷泡茶

Making Cold Infused Tea

每種茶對冷泡的反應都不同，就像每種茶在熱水中的反應不同一樣。最好的建議就是每一種茶都試試，直到找出你所追求的確切風味。

最美好的味道很容易在低溫中溶解，而且一小片茶葉就能發揮很大的效果；只不過需要時間。通常要浸泡 8 至 12 小時，屆時所有可以在冷水中溶解的味道都已由茶葉中釋放出來。你不必擔心浸泡時間過長，可以安心地放它過夜。只有球狀的烏龍是例外——可能需要 48 小時，水才能充分滲透茶葉，引出它所有的味道。

如果是綠茶或白茶，每公升的水大約需要 6g 茶葉。如果是烏龍，則需 6 至 10g。許多種紅茶可能需要更多的茶葉：每公升水要 10 至 12g。我建議從每公升 8 g 開始，然後每一次增加 2g，直到你達到完美的比例為止。

泡好茶後，用最細的濾篩過濾茶湯，除掉所有的茶渣，保持茶湯清澄透明。然後把它倒進密封瓶中，放回冰箱，可以保存三天不走味。

重要的是要記住，這些冷泡茶很濃。儘管它們嘗起來味道甘甜柔順清香，但卻富含咖啡因。茶葉長時間泡在水裡使得咖啡因完全溶解。你雖嘗不出，但它卻靜悄悄地存在，準備喚醒你。它讓我們在沙漠中保持神清氣爽。

我住在馬爾蒙城堡酒店的一間小木屋裡，坐落在花園中，鬱鬱蔥蔥的植物和輕柔和緩的噴泉淹沒了下方日落大道轟隆的車聲。抵達當晚，我在說不定瑪麗蓮夢露曾經出浴過的原創瓷磚浴室裡沖掉了沾在身上的沙漠沙子，睡了十二個小時。

次日我恢復了精神，想要喝茶。我的小屋通往一座露台，芳香的樹枝下擺著鍛鐵桌椅，蜂鳥在果實累累的香蕉樹上飛進飛出，檸檬垂掛在枝頭。還有另外三間小屋和我共享這個空間，由於有花園的遮蔽，所以人人都感到安心，樂於敞開大門，時時出入。加州太美了，不該待在室內。我泡了無數壺我最可愛的茶葉，和一位女演員、一位藝術收藏家、一位鞋子設計師和他的妻子結為朋友。好茶就像在公園裡的小狗：它會吸引人們和你攀談。

到了晚上，我覺得自己再度準備好，可以面對一切，因此答應這些新朋友說，我要來調雞尾酒。我致電服務櫃台，要了馬丁尼酒杯、冰塊和雪克杯。在我的冰箱裡原就準備了一瓶不錯的冰鎮琴酒。來了一隊身著白夾克的服務生，肩上托著銀托盤，手臂上搭著白色的餐巾，沉重的托盤上放著裝了冰的冰桶和玻璃杯。我覺得史考特．費茲傑羅（F. Scott Fitzgerald，《大亨小傳》作者）彷彿還住在這裡，在他涼爽幽暗房間的書桌前敲著打字機，或者艾羅爾．弗林（Errol Flymn，演員）可能會從游泳池畔大步走來，頭髮濕

香片馬丁尼
Jasmine Martini

調製法與第二章調製白毫銀尖馬丁尼的方法幾乎相同。

量取 *25 g* 銀針香片放入壺中。倒入 *1* 瓶 *750ml* 的伏特加（我偏好灰雁伏特加〔*Grey Goose*〕）。攪拌之後放置 *15* 分鐘。

用濾茶器過濾。（如果想要保留更長久的時間，就用無漂白的咖啡濾紙再次過濾，去除任何微小的茶渣。）加冰塊攪拌或搖盪，然後過濾，倒入冰鎮的馬丁尼酒杯。

漉漉的，上身打著赤膊，穿著乳黃色的亞麻長褲，加入我們的小酌。

服務生在我的客廳裡擺放了閃閃發光的鉻製冰桶和玻璃杯，而我則把香片注入杜松子酒裡。我為我們所有的人調製了香片馬丁尼。沒有多久，櫃檯來電，通知我有來客。我不得不去花園門邊讓他們進來，但只能隱約認出我在音樂節認識的人。一瓶琴酒後來變成了四瓶，我們清空了我們的冰箱，還召來更多的酒杯和冰桶。

到了某個時刻，我們去酒吧，我發現了可以吸菸的祕密露台。安東尼．波登（Anthony Bourdain）也在那裡，他親切而迷人。還有一位曾經紅過的流行歌星在炫耀她設計的狗珠寶系列作品。「我本來是為人設計的，但它們戴在我的狗身上看起來漂亮多了。」

我和一位自稱是導演的人聊天，我要他說幾部他拍的電影，他一口氣說了一堆我從未聽過的片名。我不相信他。這時有個怒氣沖沖的人穿過遮蔽露台的厚簾，和這人說話。

憤怒的人：喂，你為什麼不接我的電話？

導演（微笑並伸長手臂平舉手掌）：別急，兄弟，我還沒讀劇本。

憤怒的人：拜託你看看劇本，好嗎？讀他媽的劇本！

這人不能摔簾幕，因此略微削弱了他離開時的戲劇效果。

導演問我現在相信他了嗎。

我相信了，但不知為什麼，他沒那麼有意思了。他感覺到我對他失去了興趣，於是問我的工作是什麼。

「茶。」

這個字在人腦中常被當成「牙」。顯然，牙作為職業比茶更有道理。我相信牙醫的數量一定比茶女士來得多。通常在這種情況下，我會重複「茶」這個字，然後他們會對我重複「牙」這個字。就像你來我往的網球截擊一樣持續，直到我用左手做出拿著碟子的手勢，右手彷彿握著茶杯的把手，把茶杯舉到嘴邊，（我絕對不會翹起小指。）模仿啜茶的姿態。到這時他們才會說：「哦，茶！」

那天晚上我懶得模擬這些動作，在一番拉鋸之後，我只是附和說：「是的，牙。」

「你到底是做什麼的——你是牙醫嗎？」

我隨身帶著裝了茶葉樣品的黃色小行李箱，因此信心滿滿地拍著它說：「這就是我收藏好萊塢大部分笑容的地方。」

牙齒的陶瓷貼片往往會在最不方便的地方和情況掉下來。想像一下，你正在上海準備要為你的新片舉行記者會，或者正在錫耶納（Sienna，義大利古城）、雪梨或西貢拍外景，可是一覺醒來，卻發現瓷牙貼片不見了。你可能不信任當地的牙醫，需要「牙女士」上陣解救。不論何時，她都準備要跳上飛機或者搭上你派去的私人飛機，趕來你身邊整修你的牙。「牙女士」全球奔波，由電影明星的嘴到流行歌星的口。她就像個超級英雄，總是在緊要關頭抵達。正當你就要上台，或者該在片場上出現之時，卻因瓷牙貼片掉落而露出一口銼過的尖牙，眼看著一切都即將毀於一旦，她總會適時出現，讓你轉危為安。

他的確探頭來看我的嘴，問我自己為什麼沒有完美的瓷牙貼片。我解釋說我不需要，因為我不是名人。我難以形容他多麼喜歡那個回答。在洛杉磯，幾乎每一個人都想當明星。在好萊塢，再沒有比與電影業無關的人更奇特，教人更興奮的了。唯一比牙齒更刺激的職業，可能是我真正的職業。

在好萊塢，他們已經準備好要認真對待茶（或牙）女士，我很感激。儘管一般人並不認為好萊塢是最真誠的城市，但我們太容易有刻板印象，我在好萊塢結交了一些很棒的朋友。要說洛杉磯的人有什麼共同點，那就是他們對飲食很節制，不像紐約，你可能會到晚上十點才吃晚餐，而洛杉磯最搶手的餐廳時間是六點。洛杉磯的天使很早上床，需要大量的美容覺。但在城堡酒店並非如此，每個人都需要一個放鬆的地方。這讓我終於回頭談他們為什麼需要在早餐菜單上列出解酒茶。

這是一種野生的路易波士（rooibos，即南非國寶茶），加了一點楓糖漿增甜，再灑一點檸檬汁或檸檬皮，因而使滋味平衡，就像鹹焦糖加了一粒海鹽一樣。它的味道順口、深沉、醇厚，而且，該死的，我認為它確實有效。幾千年來，非洲部族一直都用南非國寶茶來治療脫水。楓糖和鹽則提供必要的電解質，使它成為等滲透壓飲品。

宿醉救援食譜

Hangover Rescue Recipe

每 *150 ml* 滾水加入 *3 g* 南非國寶茶，浸泡 *3* 至 *5* 分鐘。濾掉茶葉，並按個人喜好攪入半匙至一茶匙楓糖漿；擠半個檸檬；再加上一薄片海鹽。在杯緣加一捲檸檬皮裝飾。

在我宿醉特別厲害，因它的打擊而變得如此渺小，覺得自己就像夜幕降臨時迷失在陌生城市宜家家居停車場的小女孩，這時我就會用香草國寶茶。

沒有必要去購買加味的南非國寶茶，有些合成的香草精來自木漿業的副產品，而天然香草精則可能來自河狸的肛門腺。（好吧，河狸屁屁的分泌液很稀有，你不太可能會碰上，但它是「天然」的調味劑。）只用香草莢比較安全。

把玻璃罐（我用的是鐵線扣式橡膠氣密蓋罐子）裝滿南非國寶茶，取一個香草莢，就像切開魚腹那樣把它縱向切開，把它塞進罐子裡，讓它完全埋在南非國寶茶裡（如有必要，可將香草豆莢切成小塊）。把罐子放在經常使用的櫥櫃中，放置幾周，每一次看到它就把它搖一搖。

你也可以用夾鍊袋來代替，但我發現如果時間久一點，玻璃更能保持風味。好的香草南非國寶茶有這麼多的味道，讓你想要保持它的最佳狀態。而真正好的東西是野生的。

第九章

南非　塞德堡山脈

Cederberg Mountains, South Africa

氣味管弦樂團裡的小提琴，南非國寶茶

在開普敦以北約三小時車程的南非塞德堡山脈裡可以看到南非國寶茶，這是一種地方特有的香草植物。穿越日益乾燥的景觀，進入（與北加州相差無幾的）半乾旱氣候裡的沙漠，你不由得疑惑植物怎麼能在那裡生長。那裡的色彩輕柔地褪成淡紫色的山脈、棕褐色的乾涸土地和藍灰色的草叢。被陽光曬得發白的大地在明亮蔚藍的天空下烘烤。

南非國寶茶的收穫時間是一月，是南非的仲夏。二〇一六年，我去拜訪與我合

作多年的農場，抵達後卻發現他們非常擔心當年根本不會有任何收成，由四月起就一直沒有下雨，一滴雨都沒有。那些野生的沙漠植物在牧場上雖然像牛仔一樣強健，但就連它們也無法受得住長期的乾旱。當我抵達克蘭威廉（Clanwilliam）這個小鎮，走進醫生診所時，情況看起來相當不妙。

佛瑞基．史特勞斯（Frikkie Strauss）是和我合作的農民，他由野生灌木採收我所嘗過最好的南非國寶茶。他也是當地的全科醫生、當地醫院的董事會主席和三個孩子的父親。他在離鎮上只有幾公里，往山區延伸的農場長大，在農場之外，他還有很多要擔憂的事務和責任。在我認識史特勞斯醫師的這些年裡，他充沛的精力總讓我佩服不已。他明亮的雙眸犀利而好奇，全神貫注地盯著你，彷彿要刺穿你一樣，接著在轉瞬之間，他的眼睛又展開另一次追獵，釋放了你。

我見到他最開心的時刻，是騎在馬背上或在他的卡車裡，穿過農場尋找大羚羊群或非洲豹的蹤跡，但這回他卻悶悶不樂。我們騎馬越過農場，望著原本該開滿明艷黃花，現在卻遭塵土覆蓋的灌木叢。他告訴我他連一根都不敢收成，以免害死那些珍貴的植物，在那裡不知道生存了多少年的植物，在曠野，在那險惡的地形。

他把鄰居種植的南非國寶茶指給我看，排列整齊的年輕灌木。全都死了。為了方便收割，人工栽種的南非國寶茶是成行成列種植，移除了其他所有的沙漠植物：它們成了單一作物。但南非國寶茶是一種「弗因博斯」（fynbos，荷蘭語的意思是葉子纖細的灌木，指南非南部和西南部地中海型氣候區的獨特植物），是西開普省（West Cape）這個特殊地區特有的眾多本土植物之一。它需要它的弗因博斯家族才能生存。

南非「弗因博斯」構成了舉世最小也最奇特的植物區（floral kingdom）。植物區是以獨特的植物生命而得全球公認的地理區域，世上共有六個植物區，其中一個就是由山脈到海洋這個狹窄新月形的開普植物區（Cape Floral Kingdom），共有九千多種植物，七〇%是本地獨有，舉世其他地方都沒有生長，其中一種就是南非國寶茶。世界上有三%的植物都可在此看到，在面積不到地球陸地表面〇．〇五%的地方，每平方公里的植物種類比大多數熱帶雨林都多三倍。二〇〇四年，塞德堡山脈被認定為聯合國教科文組織世界遺產。

保育弗因博斯對這種植物寶藏的生存至關重要。開普植物區是世上最受喜愛植物的原產地：劍蘭、小蒼蘭、天竺葵和百子蓮。到了春天，如果下雨，佛瑞基塵土飛揚的土地就百花齊開。這時也會有非洲豹，這種出沒不定的瀕危物種仍然立足在這些山脈中。

收割野生的南非國寶茶是佛瑞基的主意。如果要保護土地，它就必須要有價值，就像遊客使得野生動物保護區得以永續一樣。由於它的生態系統非常脆弱，因此佛瑞基不想單一種植南非國寶茶。在南非國寶茶生長，大羚羊漫步和非洲豹潛行之處，他根本完全不耕種，任它保持原始的樣貌。我們一年一度騎馬去收穫這種野生植物，只割下我們需要的分量，讓植物存活。

在舉世南非國寶茶唯一生長的這個小地區，人工耕種的南非國寶茶就沒有那麼幸運了。它沒有其他弗因博斯植物的保護，和它們沒有共生關係。因為它的根很淺，需要灌溉。這些植物的壽命不夠長，無法在如此乾旱的土地上建立安全的地方，這導致水土流失的問題，種植它對於保護當地脆弱的動植物生態也毫無作用。不僅如此，人工耕種的南非國寶茶味道也沒有那麼好，有點雜草味，缺乏含蓄、木質、雪松的味道和明亮清爽如漿果般的前調。

佛瑞基的野生南非國寶茶是永續農業的最佳範例。他絕不會在可怕的乾旱中砍伐這些灌木叢。原本應該是冬天下雨，一月則是塞德堡的仲夏，每天氣溫都飆升至攝氏四十度以上。一個周日下午，我和他們家人一起在農場吃午餐時，氣溫高到教人窒息的攝氏四十七度。我們甚至連烤肉也不能。南非人說因為天氣太熱而不能在戶外烤肉，就像鴨子說池塘太濕不能游泳一樣，燒烤是他們全國的消遣，但在攝氏四十七度之下，我們幾乎無法在乾燥的山地空氣中移動。汗水一流出來幾乎就立刻乾掉，在我們的皮膚上留下了鹹的結晶痕跡。

你可以了解為什麼這個地區的人總是得擔心補充水分。讓他們疲累不堪的不是茉莉琴酒，而是極端的乾熱，因此他們喝南非國寶茶。數千年來在塞德堡山區都把它當成藥物，尤其是用在腸胃不適的兒童身上。它不僅含有許多在茶裡發現的抗氧化物（類黃酮，flavonoid），而且還富含礦物質（鈣、鐵、錳、鎂、鈉、鉀和鋅）。加一片鹽和一滴如蜂蜜——或楓糖漿之類甜的東西以增添風味，而且能真正帶出天然焦糖的味道，化木質為太妃糖味，南非國寶茶中的礦物質、電解質能快速地幫助身體重新吸收水分。

如果你發現自己醒來時宿醉嚴重，我強烈推荐來一壺南非國寶茶，至少它的味道絕佳。它比咖啡更溫和，而且南非國寶茶不含咖啡因，所以你可以補充了水分，然後回到床上，睡一覺就沒事了。

但我們卻讓佛瑞基和他的家人洩氣地面對著空空如也的餐桌。我們開車回到城裡，躺在黑暗的房間裡等待最熱的時候過去。而就在這時我們聽到了它：徐緩的隆隆雷聲。我們可以看到山脈的另一邊有厚厚的灰雲，在炎熱的空氣裡下著暴雨，閃爍著白色的閃電，你可以感覺到。我們盡量不抱太大的希望，因為知道暴風雨可能徹底繞過我們；它可以朝任何方向去，不一定來到這裡。

我聽到史特勞斯醫師叫我，也能聽出他聲音中的興奮。我從床上跳下來，抓起鞋子跑到前門。他留在農場的母親來電說她看到雨了。我們跳上卡車，沿著蜿蜒曲折的沙路奔向山區。緩慢、肥大的雨滴砸在擋風玻璃上，但還沒有到用雨刷的程度。這不是雨，而是濺在炙熱玻璃和乾燥大地上立即消失的水花，沒有留下任何痕跡。雷聲更近了，在我們周圍大聲轟鳴，緊接著是閃爍的光。我們往高處駛去，空氣開始散發出雨水和南非國寶茶的味道。氣溫突然涼了下來，每幾百公尺就下降零點幾度。閃電倏地伸出舌頭時，我可以感覺到手臂上的汗毛都豎了起來，太近了。接著雲遮住了我們，雨落了下來。

他停下卡車，我們躍出車外，跳進雨中。剎那間，我們全身都開心地濕透了。雨下得很大，把紅色的土地打出了疤痕，重重地敲在卡車上。氣味很濃烈。原本在乾熱中顯得毫無生氣、荒蕪、奄奄一息的大地和弗因博斯植物，現在涼爽的雨中則把蓬勃的生機散逸在空氣裡。我可以辨出南非國寶茶，因為我特別知道那種氣味，它就像小提琴在氣味的管弦樂團裡翱翔飛舞。

佛瑞基把一根淺色的棍子插進土裡，滿面笑容地把它拔出來，整根棍子已經因水而變黑，雨水已被深處吸收，深得足以拯救植物，更重要的是，足以讓我們收成。我們默默默地站在那裡驚嘆，並沒有跳上跳下或者激動地吶喊，只是因不可思議的運氣和那一刻的喜悅而目瞪口呆。我們看著山頂融成雨雲，我們看著乾涸的赭黃土地變成了赤陶紅色，我們看著塵土由南非國寶茶樹叢的針葉上沖刷下來，顯露出灌木的鮮綠色。

在往高處行駛的時候，佛瑞基曾說這是意外的好運。不管你是多麼好的農夫，如果不下雨，你的莊稼就會歉收，這是無法控制的。農夫知道他必須靠運氣，尤其在氣候變遷，乾旱變得更長、更嚴重的時候。我們在旱季中期，在乾旱之中目睹了降雨。它並不是經過而快速灑落，而是停駐下來，傾瀉而下，深入大地和根部。雷聲在群山周圍彈跳，閃電在頭上嘶嘶作響。

在我的茶葉生涯之前，曾在另一個山脈——玻利維亞的安地斯山脈被閃電擊中。顯然，我存活了下來，但每當它照亮天空時，都會讓我產生毛骨悚然的噁心感受。然而那個下午，它讓我想到自己多麼幸運：被它擊中卻倖存下來，經歷兩次癌症，墜落冰川一次，摔下激流一次。創辦一家（在撰寫本書時）已經存活十四年的公司和機運有很大的關係。我走過了危險邊緣，明白拯救我的並不總是我的辛勤努力或樂觀進取，而是隨時可能反其道而行的偶然機會。

在塞德堡的雨中，和佛瑞基一起處在弗因博斯的氣味裡，我感到非常幸運。我珍惜這些時刻：沙漠中的雨，在閃電擊中之後康復，在克拉里奇酒店中醒來，切片檢查報告結果陰性，向下俯視冰冷的裂縫而非在裂縫裡面朝上望，在海灘上大口喘息，但卻是安全的，還有每一次當我發現一種真正美味的新茶。

當我們靜靜地站在那裡目睹這個不尋常的盛況時，更不尋常的事情發生了：青蛙開始歌唱。在塵土飛揚的乾燥山區，牠們來自何方？潮濕的土壤讓牠們恢復了生機，但天知道它怎麼會在這種不毛之地上如此快速地發生。要不是佛瑞基在場，我一定會懷疑自己產生了幻覺。這似乎不可能，迄今依然不可能，但牠們就在那裡——牠們那低沉的歌聲就如雨一樣真實。

調製南非國寶茶

Making Rooibos

我喜歡非常濃郁的南非國寶茶，所以我讓它泡很長的時間。每 *150ml* 用 *3g* 南非國寶茶（約兩茶匙）。我建議用沸水，泡 *2* 至 *5* 分鐘。

光是喝原味就很美味，或者搭配楓糖漿和檸檬，加上薄薄一片生薑也很好。它和牛奶也很配。在南非，人們喝國寶茶的方式就像英國人喝紅茶一樣—加牛奶和糖，它的顏色教人驚喜。

如果把它放涼，加冰食用也很棒。回到上一章停車場走失孩子的比喻，你也可以加一勺香草冰淇淋。

第十章

日本　京都

Kyoto, Japan

枯山水庭園的平和體驗，抹茶

我並不總是那麼能體會自己的好運，但在我訪茶冒險之初，確實得到了一些不是那麼甘願的點撥，對我有很大的幫助。當時我因創業而筋疲力竭，來到京都的禪宗寺院龍安寺，和一位僧人一起喝茶。我向他求教，但他並不想給我任何指引。

那是一個灰暗的十一月天，寺院屋頂上積著厚厚的雪。我脫了鞋，穿著襪子輕輕走過寒冷、寂靜、糊著紙牆的房間。和尚盤膝而坐，俯瞰庭園，裹著柔軟的羊毛僧袍。我跪在他面前，身下的雙腳都凍僵了。他拿出一個裝著抹茶的小金屬罐，茶罐包裹著精心打磨的深紅色櫻樹皮，用長柄竹勺（傳統抹茶勺）量出細緻的抹茶粉，同時抬頭嚴肅地打量我，判斷我的注意力是否集中。他用由單一竹莖精雕細琢製成的茶筅刷茶，讓抹茶粉與熱水混合，直到粉末完全懸浮於茶湯之中，他擊拂的手腕像最熟練的自慰者一樣靈巧地移動。他把一個刻意不對稱的手工茶碗遞給我，茶碗表面覆蓋著細膩的泡沫，還有一個小的甜紅豆餅。

我的手指頭因握著茶碗而暖和，我用雙手慢慢地把茶碗舉到唇邊。和尚凝視著我。這茶的味道滑順，濃烈，極其複雜。它有絕妙的平衡，清爽而苦澀，濃郁而柔潤、帶著青草味卻醇厚。那種強烈的快感讓我不自覺地微笑。他向著紅豆餅點頭示意，我放下茶碗，咬了一小口，感覺自己就像愛麗絲一樣。淡而黏的甘甜味覆蓋了我的口唇。我再次拿起茶碗，又喝了一口抹茶。甜味隨著柔滑的茶消融，清爽的強度也增強。

那次旅行是全速猛衝，就像我大部分的人生旅程一樣。在日本過日子總讓我處於局促不安的境地，比起我所去過的任何其他地方，這裡都更強烈地教人感到格格不入，身處異鄉。比如過馬路：在東京，午餐時分上班族成群結隊地由辦公室湧出來。他們過馬路時，不像倫敦或紐約的人那樣面對車流，想要以嚴厲的眼神阻止成噸的超速金屬；他們不像在墨西哥市的人非得做的那樣，在毫不間斷的車流之間搖擺跳動。這裡不像德里那樣，汽車、人和牛隻在駭人卻和善的雜亂中彼此協商。在東京，群眾等待。他們像椋鳥群飛那般穿過馬路，伴著鳥兒鳴叫的電子聲音。我曾在海濱小鎮宮城試著想在不當的時間和地點穿越一條空蕩蕩的街道，結果遭到不可這樣做的嚴厲告誡。在我離開幾天後，毀滅性的海嘯來襲。這位糾正我過馬路不當的先生正說明了當地居民教人難以置信的克制：甚至連巨大的水牆在他們身後橫衝直撞之時，逃命的居民還在紅燈前停車。

來到寺院就像是衝進了太空一般，我突然覺得自己失去了重量。龍安寺——龍平和安寧的寺院，有一座沒有水的水之庭園，被認為是「枯山水」現存最好的範例之一。它是古京都的史蹟，也被聯合國教科文組織列為世界遺產。長滿苔蘚的巨石，被雪覆蓋，精心地排列在一條耙製得十全十美的碎石流中。數千年的專業技巧成就了這座庭園。每一塊石頭都坐落在其他石頭之間，位置盡善盡美，碎石中的每一個漩渦都在石頭之間和諧地旋轉。雖然這聽來未免拘泥刻板，但在冬日稀薄的陽光下，在木製露台上等待，卻教人感到寬宏仁慈與安詳平和。

就在我們啜飲抹茶之時，這位僧人望著這片庭園，我問他對像我這樣總是匆匆忙忙的城市人有什麼建議，他沒有回答，只是平靜地看著我，等待下一個問題。在我催促他時，他不快地說，向他提出這個問題很奇怪，因為他並非那些人中的一員。

我繼續問下去。他解釋說，他是禪宗僧侶，住在俯瞰枯山水的寺院裡。他不匆忙，所以他不能給我關於匆忙的建議。這當然有道理，但當時我很困惑。我原以為他會說一些睿智的言語。我要很慚愧地坦承，我以為我知道他的答案。這庭園讓我嘈雜的腦袋安靜了片刻，因此我以為他會建議我放慢腳步，花點時間欣賞那一刻。我不是在尋求建議，而是要他告訴我我認為我所知的事物。然而他卻惱怒地說，如果非要他提供建議，那就是如他所做的：他試圖盡可能地享受他所擁有的人生。

我所擁有的是一種四處奔波的瘋狂生活。這是我的選擇，它帶我經歷種種冒險，由報稅和貨櫃船到寂靜的山脈。我明白我不必改變我的人生，只要盡可能快樂地過我為自己創造的生活。

請原諒我說出明顯得可笑的話：人生並非全都是美好的；不可能。我們有成堆的文書工作，更不用說多到教人反胃的電子郵件、疾病、心碎和失落，但也有很多可愛的時刻。我不知道你的生活如何。我不敢建議你如何生活，但我堅信一件小事：在茶中找到最大的樂趣。

說到抹茶，這是茶道級的茶。最好的抹茶是由在採收前的最後幾周經過遮蔭，不受陽光直射的茶葉製成的，比如玉露茶。承受了壓力的植物努力加強光合作用，集中了葉綠素、茶氨酸和鮮味，並變成濃綠色。茶葉經迅速蒸熟之後，乾燥成為碾茶，然後去梗，並用陶瓷或石磨仔細研磨，製成細粉。這個過程一絲不苟，要盡量放慢速度，以免產生熱度，烘烤茶葉。光是研磨一公斤茶葉可能就需要二十四小時。

茶道級抹茶雖然絕佳，但確實昂貴。它是用最珍貴的茶葉製成的，絕不能用便宜的方式生產，所以請不要對它的價格感到驚訝。

抹茶不是用茶葉浸泡，它就是茶葉本身，經磨細，並懸浮在水裡。你把它整個喝下，所以會感受到滋味和咖啡因的巨大衝擊。我建議少量飲用；它是濃烈的茶飲，應該配上一點些甜膩的東西以平衡苦味，並保護你的胃。就像喝濃縮咖啡或威士忌一樣，空腹喝可能會覺得太刺激。

用於烹飪的烹飪級抹茶較便宜，因為它們不需要用如此昂貴、美麗的茶葉，也不必在加工時如此精心。

如果要調製抹茶拿鐵，我就不會要你用最好的抹茶；牛奶會掩蓋抹茶的味道，因此有點浪費，但我還是會用茶道級的抹茶，而且值得用有機抹茶。日本的農田有限，勞力成本非常高，因此茶農通常會大量使用化學肥料和殺蟲劑，以便把產量提高到最高，而且可能依賴非常大量的除草劑，把除草等工作降到最少。

製作抹茶
Making Matcha

<u>熱茶</u>

量 *3g* 抹茶（兩勺滿滿的傳統抹茶竹勺）放入深底的陶瓷抹茶碗中，把 *60* 至 *70ml* 熱水（半茶杯）加熱至 *70° C* 左右。有些人偏好用 *80° C* 的水，沖出更濃烈的茶多酚物質。

倒入約 *10ml* 的水澆蓋抹茶，攪拌成沒有結塊的細糊狀。加入剩餘的水並以 *M* 形或 *W* 形大力攪拌，使細粉均勻懸浮在水中，形成細緻的泡沫。盡量不要讓茶筅的底部碰到碗底。（如要製作抹茶拿鐵，請按如上說明製作茶糊，然後用熱牛奶代替剩餘的水。）

立即由茶碗中飲用。

用竹製茶筅把細緻的抹茶粉末打成薄薄的泡沫，這個技巧本身就是一種樂趣。我絕不會用電動奶泡器。由於攪拌很容易，因此使用電動奶泡器沒有意義，而且它不會打出同樣光滑的質地。

僧侶在長時間的打坐時，用抹茶來保持專注。從雙手捧著的溫熱碗裡喝茶能提振你的精神，讓你達到新的境界。

<u>冷茶</u>

要節省使用你珍貴的茶道級抹茶，一個方式就是冷泡。它沒有那麼濃烈，而是較柔和，較容易入口，尤其是早餐。每公升水只需要 *3* 克抹茶。用茶筅在 *10 ml* 的冷水調製抹茶糊，然後再用 *1* 公升的水稀釋，並劇烈搖盪。細粉末迅速泡出味道，不到一個小時就可以飲用。它也很適合調雞尾酒，並且可以輕而易舉地解除你的宿醉。

第十一章

東尼泊爾　海利

Hile, East Nepal

喝一口就會讓你心動，月光茶園紅茶

當然，茶不僅僅是拯救和療方，也可以是純粹歡樂的泉源，光是它的味道就能讓你興高采烈。

我特別喜歡在午前茶點時間喝尼泊爾紅茶，也許配個薑餅，說得確切一點，我想要的是月光茶園（Jun Chiyabari）的茶。這個小小農場的茶有其獨特之處，總能讓我歡喜。它們迫使我停下來，好好享受它們。在我的辦公室，我們經常喝它，只要在我面前放上一杯，我都會因它飄出的香氣而驚嘆。這不是你能輕易對其麻木無感的東西。

捧著一杯這種尼泊爾茶，我不僅會回到那個農場，還會回到我的童年。它讓我想起了我的母親，她打扮停當，準備外出吃晚飯，先來吻我道晚安。我很少看到她盛妝，睫毛塗黑，頭髮則用艾奈特髮膠（Elnett）固定。在那些特殊的場合，當她彎下腰親吻我時，我會聞到它的味道。她的臉頰光滑，散發著細粉的香味。最重要的是她香水教人陶醉的氣味，它從不會吞噬你；她省著用它，所以你非得靠近，才會感受到它。

對我母親而言，擦香水就像佩戴昂貴的珠寶；這不是日常用品。在幼小的我看來，這使得她彷彿另一個人，一個魅力四射不可思議的女人，出現在我的床邊，片刻之後就離開了。她似乎以不同的方式移動，更慵懶，穿著洋裝，而非她平時穿的牛仔褲。也帶著一種溫柔，不是那個活躍、忙碌、日常的母親，急著上班、讓我準備好上學、安排我們的生活和家庭，以及完成那些讓她無暇他顧的永無止境的任務。我感受到她興奮的緊張，感受到待在家裡床上的安全，卻又得以一窺成人冒險的世界。

生長在喜馬拉雅山麓高海拔的尼泊爾茶喚醒了我的那些感覺。它們是最香的紅茶，在暗色的深沉、異國情調和溫暖的安慰之外，還有花的芬芳。

隨著冬天臨近，當我周遭的一切都關閉時，我特別需要這種茶。這是午前的點心茶，適合在窗邊啜飲，看著風中的雨滴滴答答地拍打著玻璃，秋日的光線越來越暗淡。它適合白晝逐漸縮短的落葉時分，兩者就像完美風味的搭配。一如普洱搭配在吐司上的野菇，或者下午茶需要塗上果醬和奶油的司康餅一樣，這款尼泊爾茶舒緩了即將消逝的夏日時光，它的甘甜可以抵禦白色的天空和雨水，它的香氣讓人想到落葉和攀爬在樹籬上最後一株金銀花的芬芳。

當你喝像這種芳香茶的第二泡時，試試搭配一方塊可可含量高的優質黑巧克力。我一邊寫這段文字，一邊正享用手揉的尼泊爾茶配八五%可可製成的黑巧克力，望著陽光和陰影散布在九月的田野上。第二泡的味道比較柔和，花香較淡，但更深沉。啜一口茶，最後一點點巧克力在我溫熱的嘴裡融化。下一口茶的味道像熱巧克力，但質地卻像水一樣清爽。它既有強烈的深度，卻又輕盈，就像許多最美好的樂趣一樣。

這種茶生長在海拔一八三五公尺，東尼泊爾的小山城海利（Hile）附近的一個茶園，茶園由兩兄弟路昌（Lochan）和巴昌（Bachan）擁有，由能幹的莫瑞斯．歐查德（Morris Orchard）的管理。我頭一次飛往尼泊爾去見他時，光由他的名字，猜不出他會是什麼樣的人。我揣想他可能是頭戴遮陽木髓帽的老英國種植園主。最初和我接觸的是巴昌，他是個聰明伶俐、熱情洋溢的尼泊爾人，帶了一些他種的好茶到我在倫敦的辦公室。他看到我愛上他的茶時，眼裡充滿了喜悅。我擺不出撲克面孔，總是喜怒形諸於色。啜了幾口之後，我就準備去拜訪他的茶園了。

那頭一趟旅程，我的朋友攝影師保羅．溫契—傅尼斯（Paul Winch-Furness）和我同行。巴昌來加德滿都接我們，以便安排赴茶園漫長而艱鉅的旅程。我們一開始先搭上一架年久失修的小飛機，就像一隻年老體弱的老鷹，從一個山頭飛到另一個山頭。然後我們再開車直下霧騰騰山谷的摺縫之間，穿過雜亂無章的四散村莊，再次向上進入山區。

在一座山脊上，我們停在路邊喝瑪薩拉茶（masala chai，印度香料奶茶。在幾種印度語言中，chai 的意思就是「茶」，加了香料就是瑪薩拉茶）。一位身穿草綠色紗麗，容光煥發的女士在一間陰暗的木屋裡，用爐火為我們燒新鮮的茶，我們在一旁等待。她的丈夫和女兒在她身旁工作，用大炒鍋煮香料麵。我們坐在屋外翻倒過來的油罐上喝那加了奶的甜茶。

我並不常在茶裡加奶——這純是我的個人喜好，如果你喜歡加，也請不要認為我在貶低你的品味，我們各有所好。我只是想品嘗每一個細膩之處，而加奶可能會消除它們。但是瑪薩拉茶並不是細膩的茶。這是一種在牛奶和芳香的香料中煮沸的深色紅茶。

印度、尼泊爾和斯里蘭卡的人民並沒有飲茶的歷史，是英國人把它（以及其他美好和許多可怕的物品）引進給他們，而他們保留最好的茶葉作為出口之用，剩下的茶葉很昂貴，遠遠超出了大多數人的購買能力。一般人能喝到的是最低等級，在生產過程最後留下最苦最細碎的顆粒。要讓它變得好喝，不得不稍微給它加料調整一下。在印度，人們還是不常在家喝茶，只有富裕人家和大都市家庭例外。瑪薩拉茶主要是在旅行時喝的飲料。你在街上或火車上可以買到不錯的這種茶，它喝起來安全，是煮沸過的，又燙又甜，能讓你度過難關，讓你振作精神，讓你繼續前進。

我不僅不常在我的茶中放奶，而且不嗜甜，我的茶也不放糖。但瑪薩拉茶不僅僅是茶而已，這是一種用茶製成的飲料，茶是其中的一種成分，但不是它的重點。把茶當作一種成分時，它可能會散發出麥芽、焦糖或堅果的味道，或者會散發出青草、蔬菜和其他許多東西的味道。畢竟它是草本植物，有很多變種。舉例來說，茶的種類比牛至、荳蔻或羅勒的種類都多。就瑪薩拉茶而言，茶是深沉、暗色、苦味的基礎，用它創造出甘甜辛香的茶湯。

它既是茶又是食物——因此是非常不錯的午前點心。

製作瑪薩拉茶
Making Masala Chai

不加牛奶

如果你是用好茶來做瑪薩拉茶，那麼不必用牛奶煮茶即可享用。當然，這是不同的飲料：一種更細膩的香料紅茶，沒有太多茶多酚，所以不需要加奶和糖調和，讓它順口，不過加點冷牛奶的味道也不錯。

這些香料的平衡由你自行決定，但下面這些是我私房食譜的主要成分：

◇ *250g* 尼泊爾茶
◇ *3g* 黑胡椒粒
◇ *3g* 丁香
◇ *8g* 綠色小荳蔻豆莢
◇ *1* 根肉桂棒（或 *20g* 肉桂粉）
◇ *6g* 乾薑（或者切一片新鮮的薑放入茶裡更好）

在研缽中用杵研磨香料，或者把用研磨機把它們磨碎。把磨好的香料加入乾茶葉裡，攪拌均勻，放置幾天。

要泡茶時，每 *150 ml* 水用 *2.5 g* 香料茶，加熱至 *80* 或 *90° C*。

加牛奶

如果你要泡較傳統的瑪薩拉茶，可以用濃烈的早餐茶或阿薩姆茶。用單柄湯鍋裝入牛奶，加入上述食譜上的新鮮香料煮茶。每 *150ml* 使用 *2.5g* 香料茶。用新鮮而非曬乾的薑。加糖調味。

你也可以在加了香料的牛奶之外，單獨沖一壺濃釅的紅茶，然後把兩者兌在一起。

在那條尼泊爾的山路上，我很想知道他們用的茶品質如何，因此請那位女士拿茶葉給我看。它是以CTC而非正統紅茶工法（orthodox）製出的茶葉。這是舉世在最貧窮的國家之一，用防水油布作屋頂的一棟路邊小屋，但她給我看的那種CTC茶卻遠遠優於大多數英國茶包的等級。經加工處理過的葉子由機器送出後按重量和顆粒大小分級，最大、最重的顆粒質量最好、風味最佳。

路邊那位女士手裡捧著的就是這種茶，而非被稱為「fanning」的細碎茶末，也就是巨大工業機器所生產最低等級也最便宜的產品，如果你撕開一個英國茶包，恐怕就會看到這樣的茶。有趣的是，購買最佳CTC級茶葉的往往是最貧窮的國家：北非、阿富汗和烏拉爾地區。在生活艱苦但人民喝茶的地方，他們喝的是他們負擔得起最高品質的茶。諷刺的是，英國人雖能負擔最好的茶，但這七十多年來，喝的卻大半都是最差的茶。

那頭一次去尼泊爾和月光茶園的印象就像一根鋼樑一樣，牢牢釘在我的腦海裡，我嘴裡依然可以嘗到那路邊瑪薩拉茶的味道，眼前依舊浮現裝茶那個厚重陶瓷杯的模樣，為一間一九七〇年代廚房而設計的花色。不管我的記憶多麼糟糕——而且記性似乎越來越糟，老是忘記名字、對話的細節和承諾，但味道和最精彩的冒險卻不會喪失。尼泊爾的顏色依舊還在那裡，如此濃烈，難以忘懷。不是像在倫敦灰色露台上的一扇粉紅大門，或者在安達魯西亞白色街道上的一盆紅色天竺葵那種「哦，那真漂亮」的方式，而是一切都很美。你在尼泊爾看到的一切都是點綴修飾過的。你看到貧窮，真正的貧窮，人們擁有的如此之少，但他們卻以色彩把他們所擁有寥寥無幾的這幾樣物品變得輝煌燦爛。最簡陋的小屋也能像寶石一般明艷。

我們徐徐穿過小小的村莊，窺見人們私底下的生活。一名男子向前彎腰，用水管在火鶴那般粉紅的波紋鐵門前洗頭。人們由從孔雀藍窗框的幽暗房間裡探出頭來。彩虹色人力車的車夫在車後座打盹，等著生意上門。在我們花了整整一天的時間一路顛簸前往農場的漫長旅途中，遍地都是鮮豔的色彩，處處都絢麗奪目。

彩繪卡車像嘉年華的花車一樣川流而過，道路兩旁都是人。我們經過坐在門口、坐在樹下、坐在他們攤位外椅子的男男女女，耐心地等待，直到車輛的到來或駛過。男子大多穿著短袖格子襯衫和牛仔褲，但女性則包裹著五彩斑斕的紗麗，披著綴有金線，編織得像異國風情格子呢的披肩。

隨著我們向上爬升來到喜馬拉雅山麓時，空氣變得更稀薄，色彩也更柔和。海拔較高的村莊比較不那麼喜氣洋洋，而是多了些塵土飛揚的棕色；植被變得稀疏，房屋更簡樸破舊——直到我們抵達茶樹茂盛，綠意盎然的月光茶園。

車子駛到茶園經理莫瑞斯・歐查德樸實的平房前，他走出屋外來迎接我們，跟在他身後的是他的妻子、他羞怯的女兒，還有一個精力充沛的小男孩在他們之間橫衝直撞。儘管我先前對他的名字有一番想像，但莫瑞斯其實是尼泊爾人。他的曾祖父是英國茶農，傳下了他的姓氏。莫瑞斯來自在尼泊爾和印度的種茶世家，但這些茶農沒有一位像他一樣。

我們一邊喝味道有點像融化了的麥提莎的巧克力紅茶，他一邊解釋自己製作這種出色茶葉的來由。這個小茶園只製作最好的手揉和正統茶葉，而且都是有機栽培，他曾多次與他種茶的父親爭論這樣做是否明智。在一些農民眼裡，不施用化學物就像基督教科學派信徒（Christian Scientists）不服藥一樣；重質而不重量簡直就是財務自殺。尼泊爾是不能容忍失誤的地方。

莫瑞斯尊重他的父親，但他要和路昌與巴昌證明這種新前景的可能。他們抱持的是名聲及永續性的簡單主張。如果他們的土地要世世代代繁榮下去，就必須生產有價值的茶，並保持豐富的生物多樣性，而殺死所有的昆蟲和草是永遠不能提升生物多樣性的。我們談到歐洲蜜蜂數量的減少，一邊穿梭在與野花、蝴蝶和瓢蟲交織的茶樹，蟋蟀響亮地鳴叫。你總能用成排茶樹邊濃密的植物來判斷農場是否有機，雖然這些雜草和茶樹競爭營養，但只要細心耕種和除草，它們就可以與茶樹共生，豐富土壤的營養，並對抗土壤侵蝕和水分蒸發。他們為野生動物營造了富饒的環境，並且製作出令人驚嘆的好茶。

就像和我合作的幾個茶園一樣，月光茶園規模太小，無法應付有機認證所需的龐大費用和繁瑣的手續。有些農民沒有電腦或處理大量外國文書的技巧。我讓這些茶在瑞士測試，寧可由我的茶葉公司承擔證明他們的茶好而且正派的責任，而不是由這些正派的好人來負擔。我不想懲罰這些小農，僅僅因為他們缺乏大企業所擁有認證所需的財力。

莫瑞斯的圓臉毫不費力就會綻放開朗的笑容，但他有一種嚴肅的態度，來自他對土地和在其上生活和工作人民的責任，就像塞特瓦莊園的亞歷山大一樣。兩個人都很溫柔、細心，甚至安靜，但帶有改革者那種不肯服從的特徵和實在的決心。要製作真正好的茶需要非常靈巧的男人或女人，但在已不再欣賞他們所作所為價值的世界裡，他們還需要不可思議的意志力。他們指望的是一個還不存在的世界。他們把自己的未來，以及所有即使不是性命，至少生計仰賴他們的人的未來，都放在非常勇敢、充滿理想遠見的風險上：如果他們生產出真正好的茶葉，全世界都會想喝，那麼我們就可以一起打破看不見未來的循環。

他們想要改變的是向下沉淪的競爭：因為外國買家付更低的價格，以求在衰退的市場獲利，因此只能得到更少的報酬，卻要生產更多的茶葉。我們在西方世界袋裝紅茶越喝越少，主要的幾個業者想出唯一的解決方法就是降低付給生產業者的費用。

這情況對尼泊爾、印度、斯里蘭卡和東非等地產生了毀滅性的影響，而且前景越來越黯淡。當生產成本高於大中間商願意給付的價格時，很容易就能看出茶園的前途渺茫。除了龐大的農企業外，其他所有人的未來看起來都很嚴峻，除非他們嘗試不同的做法。這個大膽的改變不是努力降低茶葉的價格，而是使它的品質更好，並且在新的市場為那種好茶爭取更高的價格。這是一種公平交易：用好的價錢買好茶。

莫瑞斯的妻子歡迎我們來到他們家。保羅和巴昌共用一個房間，我則住進另一個房間。這兩間是孩子們讓給我們的臥室，他們全家一起睡在父母的房間裡。

歐查德太太不會或只會一點英語，他們的女兒太害羞，小男孩年紀又太小，但我們七個人每一餐都圍著簡單的盛宴愉快地交談。早、午和晚餐的餐桌上都擺滿了蔬菜咖哩和米飯。除了這些菜之外，還有各種各樣的酸辣醬（chutneys）——甜的、苦的、辣的、氣味強烈撲鼻的，每一種都濃郁而獨特。任何一種只要一小勺，都足以改變每一口食物，為簡單的菜餚添加無窮的複雜性。那張餐桌留給我幾乎和品茗室一樣多的感官記憶。歐查德太太和村子裡來幫忙的兩個女孩就和許多我有幸共事的偉大廚師一樣天賦過人。

歐查德太太穿著鮮艷的紗麗，披肩以尼泊爾風格巧妙地披掛在胸前和雙肩，即使在烹飪時也一樣，卻從不會弄髒絢麗的布料。舊金山有一位才華橫溢、創造力豐富的主廚柯瑞・李（譯音，Corey Lee，韓裔美籍），開了一家米其林三星級餐廳貝努（Benu），出名的不僅是精緻的食物，還有一塵不染的廚房，和最雪白的廚師服。他供應的是莫瑞斯的茶。我希望將來有一天，他們兩人能見面——穿著廚師制服的柯瑞，和穿著紗麗的歐查德太太，看他們一起烹飪，探索彼此同樣潔淨的食櫥。

離經理的平房不遠就是茶葉工廠，廠內有古老的黃銅揉捻機，長型的陰暗萎凋室，和燃木乾燥機。由工廠望出去的景色是我所見過最教人驚嘆的景觀之一，在轉瞬之間，美景就會完全消失在厚厚的雲幕後面，讓你只能看到面前幾公尺遠，然後同樣突如其來地，雲層消退，顯露出深谷和高坡，滿眼碧綠。夜裡，黑暗中點綴著散落在喜馬拉雅山肥沃山麓的稀疏燈火。

茶園坐落在山脊上，向下陡峭地延伸。這是只有幾英畝珍貴土地的小農場，每年只生產幾百公斤茶葉。想想大型商業茶園每周能生產數百萬公斤，一年有成千上萬噸的茶葉，你就能體會它的規模了。莫瑞斯帶著我們在茶園裡走動，那是四月初，我們在茶樹叢中漫步，欣賞春天的葉子。茶樹青翠欲滴，葉片在濕潤的空氣中閃閃發光。成熟的夏茶葉片堅硬而閃亮，像琺瑯蓋的藥盒或甲蟲光滑的背，但春天的茶葉是豌豆綠，色澤柔和，有時邊緣呈粉紅或紅色。把柔嫩的葉柄折斷咀嚼，就像在英國的田野上採摘青草，只是它的味道比草強烈一千倍。

在那第一次去月光茶園的旅程中，保羅操作攝影機，記錄我們的冒險。我最美好的一些時光是和採茶工人一起度過，研究他們的技巧，了解他們採集和他們留下來不採的葉片，最出色的茶葉需要非常專精、精挑細選的收成。與茶廠裡的男女共處也同樣有趣，看著他們精心揉捻，然後小心翼翼，以深不可測的耐心，為成品茶葉分類。我試著加入他們一起揉捻，測試自己對這方面理解的深度。

首先，他們因我的指甲油和戒指而大驚失色；好的採茶姑娘指甲短而乾淨，沒有修飾。我的指甲油是可以維持兩周，需要專業清除的奇怪玩意兒，如果是要為雙手拍照，塗上它是有道理，只是我沒辦法為了製茶而去除它，這讓茶廠的姑娘留下了不好的印象。她們要我取下戒指，很客氣地讚美了它們，但我看得出她們並不覺得這有什麼了不起。每一位婦女的耳朵和脖子上都裝飾著最華麗的珠寶，全都是黃金，而且大都鑲著寶石。她們的財富永遠隨身配戴，是要用來享受的。

她們用圍巾蓋住我的頭髮，我盤腿坐在地板上，位於兩位經驗最豐富的女士之間。

這在尼泊爾被視為女性專屬的工作。男人沒有耐心，也沒有靈巧的雙手用來揉捻；它們不夠柔軟。相反地，在中國、日本和台灣，揉捻往往是男人的工作；一般認為女人技巧比較不足。

她們教我怎麼拿起一把葉子，把右手疊在左手上方，葉子夾進拱成杯狀的手掌心，然後用順時針動作，右手的手指抓住左手背，輕柔而穩定地揉捻葉片。隨著每一個動作，茶葉轉動，在理想的情況下，每片葉子都被輕輕壓碎，油脂暴露在空氣中，於是開始氧化的過程。這個動作的微妙之處以及按壓的力道有教人難以想像的細微差別，並且會隨葉片來自哪個採摘的部位，哪一塊地，哪一次收穫，以及莫瑞斯和他的團隊所努力推廣的口味而有變化。

不用說，我的表現很差。每當我伸手展示我最新的嘗試，姑娘們都會痛心地微笑搖頭，由我手上拿走葉片，小心地重新揉捻我的那把茶葉。在我們工作的時候，我看到她們困惑地抬頭瞥視我，但過了一段時間，她們變得自在了。我低著頭全神貫注，撇開所有關於倫敦辦公室的念頭和我腦中不斷的咆哮。我並不是說自己一個下午就成了揉捻專家，但我對這項工作奇妙的複雜性有了一點感覺，我揉捻的一些茶葉也被加入大家共同的成品堆中。

我也像這樣和中國安溪的姑娘一起工作，跟著她們分揀最好的鐵觀音。一天早上我坐著看她們為成品茶分類，她們允許我加入。她們去除了任何烘焙過頭的葉子，以及任何太生或散落的葉子，只讓完美成形的翠綠葉片進入最後的成品茶。鐵觀音的等級和價格部分就是基於那最後的篩揀關鍵。即使是最簡單的分揀標準，也花了我好幾個小時才了解。最後我鼓起勇氣抓起一把茶葉，自己分揀，然後遞給旁邊的姑娘，她重新分揀，並把她丟棄的東西還給我。我就以這樣的方式，一小把一小把地學習。

在月光茶園，我也和分揀整理揉茶機成品的姑娘坐在一起。請不要把揉茶機想成有電子電路和閃光燈之類的機器；這是一架忠實堅固的維多利亞時代鐵製機器，有兩塊帶凸紋的黃銅板。這類正統茶被稱為手工製作，因為它是由一位具有精確技巧的男或女人小批製作，就像木匠用鑿子或陶工用陶輪一樣。

在我們去月光茶園之前，保羅從來沒有喝到過他真正喜愛的紅茶，他比較愛喝綠茶。我看得出來那天早上他拍攝我品嘗並選擇要購買的茶時很緊張。如果你向朋友展示你在畫廊中最喜歡的畫作，或者為他們播放你最喜歡的音樂，或者一起看你最喜歡的電影，但他們卻無法由你所欣賞的事物中得到樂趣，就是一種打擊，可能是致命的打擊。而且他可能不只會讓我失望，更重要的是會讓莫瑞斯失望。

我會原諒你讀關於茶的文章卻沒有受到感動，但如果我為你泡一杯月光茶園的茶，我會像莫瑞斯一樣有信心，知道它會得到非常肯定的反應。我們看著保羅試探地啜飲頭幾口時，他垂下雙眼。他會是很糟的賭徒，因為他抬起頭來直視莫瑞斯，雙眼發亮。你可以看到他一臉的輕鬆愉快。莫瑞斯笑了。

第十二章

台灣　台東

Taitung, Taiwan

壯麗複雜的自由爵士樂，日落烏龍

撇開選擇的壓力不談，我喜歡不知道自己會得到什麼，那種驚喜和第一次品嘗某個事物的興奮感。我經常得由全是中文的菜單上隨機挑選菜餚，只能指著一行中文字，希望有個最好的結果，完全不敢指望，有些不安，但大多是莫大的欣喜。

在台北車站，我在上火車前先停步買午餐。我隨意挑了一個攤位，或者該說顧攤位的幾位小姐挑中了我，她們把我拉過去，幫我選了包子，點頭向我保證，並且由我的錢包裡掏出鈔票。包子是熱的，裡面包的是黏稠香辣的豬肉餡。

從台北到台東四個半小時的火車沒有 Wi-Fi。可惜的是，我們大約到半路就進了黑暗的隧道，所以我看不到什麼風景。我坐著聆聽巴哈無伴奏大提琴組曲，由深色玻璃的倒影中注視其他乘客，感覺自己像個青少年，越來越興高采烈。我不知道自己要去哪裡，或者該期待旅程的另一頭會有什麼。我在一片漆黑中下了火車。和我通電郵並且說好要來接我的大衛卻沒出現。我離開月台，走出車站，來到街上，在唯一一支嘶嘶作響的燈柱下四處張望。空氣又熱又悶，小蟲飛舞盤旋。人們消失在等候的汽車中，原本就不多的群眾變得更稀稀落落。我不知道接下來會發生什麼，正當我幾乎快要失望時，一個年輕人喊了我的名字。

大衛開車送我到茶園附近的一家旅館，我是唯一的住客。我被帶到一間獨立的小房間，是用三夾板蓋的，就像大間的花園棚屋，只是裝了空調。我穿過斑駁的花園，來到一間小木屋，看起來有點像接待處、廚房和酒吧，兩個男人坐在黑暗中喝啤酒。我把手機遞給那個不諳英語的年輕人，他明白我的意思，輸入了 Wi-Fi 密碼，然後指了指我們腳下。我這才明白唯一能用 Wi-Fi 的地方就在那裡。黑暗中，在台灣某處的一間小屋外，在成群的蚊子和茉莉花香之中，電郵湧上手機螢幕。我沒有待很久，網路連接的速度很慢，而且儘管訊息可能很緊急，我卻沒有任何防蚊液，那些可是很厲害的有機農田蚊子。

第二天早上，我到小木屋等大衛按原先安排的來接我，已經有個加了調味醬的蛋餅等著我，還有一杯用茶包泡的茶。我把茶包遞回給那名男子，搖了搖頭，並且把臉皺起來，他茫然地看著我。我探頭往他的小屋望去，看到一個裝滿啤酒的冰箱、一個煮開水的水壺、一個電爐、一台電腦、一個連接喇叭的音響，和一個時髦的虹吸式咖啡沖煮壺。我們深入台灣茶鄉，但我卻喝到一杯很好的咖啡，簡直就像在肖爾迪奇（Shoreditch，是倫敦的藝術區，有許多手沖咖啡店）一樣：他穿著帶按扣的短袖襯衫、及膝工作短褲、白襪，和一塵不染的白色運動鞋。

在當今中國茶葉貿易中心廈門也有同樣的情況。較富裕的年輕人在沿著港口分布的咖啡店裡，眺望巨大的貨櫃船消磨時光。

氣溫升到四十多度，我的襯衫感覺就像皮大衣一樣。高大，靦腆，有趣的年輕茶農小魏帶我參觀。我猜想他很有趣；儘管他一個英文字都不會說，卻笑得很開心。他的朋友大衛為他翻譯。想要出口茶葉的農民碰到的一個障礙就是要找到市場，然後和這個市場溝通。但他們正在尋找方法——至少這一代是如此。

第一次訪問很奇特而且出人意表，因為茶園的海拔比我以前去過的任何一座茶園都低得多。茶田散布在農田周圍；小樹苗和新的實驗田分布在熱帶水果的果園之間。它看起來像小規模的果菜園，有些田地只有一塊社區菜園那麼大。政府劃出了大片的農地，禁止任何形式的工廠或工業生產。種植這種烏龍茶的地區完全是有機的，所有的農民都必須奉行相似的農業規範，密切地合作，就像他們一樣。

小魏指給我看一塊新苗還沒有拔起來的茶田，讓我更喜歡他；他們嘗試栽種一種不適合這片土地的新品種。可憐的幼苗大多枯萎瀕死。他想讓我知道他正在嘗試，而且不怕失敗。當然，他也向我展示了他鬱鬱蔥蔥的富饒茶田。採摘的工人戴著帶有穗的雨傘帽子，儘管天氣炎熱，他們還是把每一寸皮膚都包得緊緊的，以免被太陽曬黑。他們把刀片縫在手套上，以便切下葉片，而不是由莖上折斷葉子。

那天，小魏和大衛最在意的是我們該去哪裡吃午飯。小村子裡沒有任何餐廳。我問他們通常在哪裡吃飯，他們焦慮地互望。大衛解釋說，那是本地給農民供餐的簡單地方，我真心地說，我最喜歡那種地方。

要不是他們帶路，我一定會走過它而不知道：它看起來比較像是肉店，上面蓋著厚厚的塑膠布。在屋外，一群打赤膊的男人用大火在炒鍋上煮菜。當時是攝氏四十度。我們躲進簾子後面，發現裡面有六張塑膠桌子和椅子，還有破舊的冷氣機。食客坐在裡面，享受一部分空調的舒適，而廚師們則在中午的高溫下大汗淋漓。雖然世界各地的廚師都得忍受惡劣的工作條件，但這些人真的很辛苦。就像所有的廚師一樣，他們大喊大笑，繼續餵飽人的工作。

大電視螢幕上正在播映中文的連續劇，男人都弓著腰吃麵，看報，喝茶。聞起來很香。沒有菜單。經過簡短的討論後，唯一的女服務員為我們送來了食物。我的是一大碗配著肉片和青菜的白色湯麵。桌上有辣醬和醬油，兩種我都加了。因為我們吃的是湯麵，所以不提供茶水。我有向他們要，但他們說，「吃這種湯麵，我們不配茶。」我沒有爭辯。

我們互相善意地打量；似乎沒有人在意我在那兒。沒有人瞪著眼睛注視我，但他們有端詳我，我也注視著他們；恐怕比較粗魯的是我，直到食物吸引了我的注意。麵真的好吃。在窒息的悶熱之下，我以為自己不餓，可是等香噴噴的麵放在我面前時，貪婪取代了我喪失的食欲。

在漫長的下午，我花許多時間在茶園觀看不同種類的烏龍茶生產。曾被稱為福爾摩沙的台灣以這種半氧化茶而聞名，它比無氧化的綠茶多一個階段，因此更為複雜，但卻還沒有達到紅茶的幽暗深厚。

手指粗圓的製茶專家用棉布捆紮茶葉，然後再解開；把它們擰成緊密的茶團；再把這些茶團壓在鐵製的卷板之間，奇蹟般地扭揉裡面的茶葉。他們把棉布解開，把茶葉放進烘乾機；再把茶葉轉移到烘焙機裡；把它們攤開乾燥；再次把它們綁緊；扭揉它們；烘焙它們；曝曬它們，似乎是錯綜複雜沒有正式形式的舞蹈。

茶葉精確的處理可顯露出它最細膩微妙的風味，這個過程全都是由味覺、觸覺和感受完成的。沒有測量或計時的標準；這門手藝出於他們本能的理解。有時茶送進烘焙機二十秒，有時則要兩分鐘。有時茶會放置好幾天，有時則是數小時。這一切都是由男士完成的，他們在春天製茶[5]，夏天和冬天則從事其他的行業：木工、工程或在自己的土地上種植其他作物。

這些小塊的土地連接在一起，不僅是因為它們的作物重疊，也因為他們的技巧和人力。一個農民這個月可能在採收鳳梨，下個月則在採茶製茶。這是法老王・山德斯（Pharoah Sanders）在演奏壯麗複雜的自由爵士樂（free jazz），而不是皇家愛樂樂團按樂譜演奏。

這種程度的專業會為人帶來一種莊嚴感，我曾見過中國的烏龍茶大師把它表現出來。但在小魏的農場上，他們卻不以為意。紐約東村桃福菜肉卷餐酒吧也同樣不擺架子，這也是小魏的茶供應的地點之一。茶與肉包子一起上桌，單純而完美的搭配，與台灣農民喜歡的食物沒什麼不同。嫩滑流油的肉餡和配上形如枕頭的柔軟麵皮，讓你的嘴充滿了味道和質地。小魏的「日落烏龍」（Sunset Oolong）就像消化餅乾上提鮮的食物，或者滋味濃厚毫無酸味的年分香檳（vintage champagne），不但烘托了肉餡的細嫩多汁，而且重振味蕾，以便迎接下一口美食。

茶配食物並不是什麼新鮮的事物，只是我們在西方，除了吃早餐之外，已經沒有這個習慣了。在中國和亞洲大部分地區，每一餐依舊供應茶，不論是最高級的餐廳或最簡陋的街頭小攤都是如此，吃飯而沒有茶會很奇怪。過去在英國這種情況也很普通。在英格蘭北部，晚餐通常被稱為「茶餐」（tea），因為它原本是全家人一起坐下來圍著茶壺用餐的時候。在白天，茶裝在我們的保溫瓶，也在我們的咖啡廳、餐館和食堂裡，在我們吃飯的時候作為飲料。但我們已經受到更多選擇的折磨：瓶裝水、碳酸飲料和葡萄酒把我們誘離了茶壺，這些選擇唯一的共同點是，它們幾乎總是冷的。除了供應中餐的餐廳之外，我們用餐時似乎更喜歡冷飲，小魏的烏龍茶在桃福也是冷茶上桌。

但茶正在重新回到餐廳，主要是由廚師和侍酒師帶頭，他們樂於發掘新風味，或重現已被遺忘的口味。

5 編注：根據審定老師的分享，台東冬天也製茶，此處應為作者因語言隔閡而有所誤解。

第十三章

義大利　羅馬南部

South of Rome, Italy

飲茶過度的後果，鐵觀音

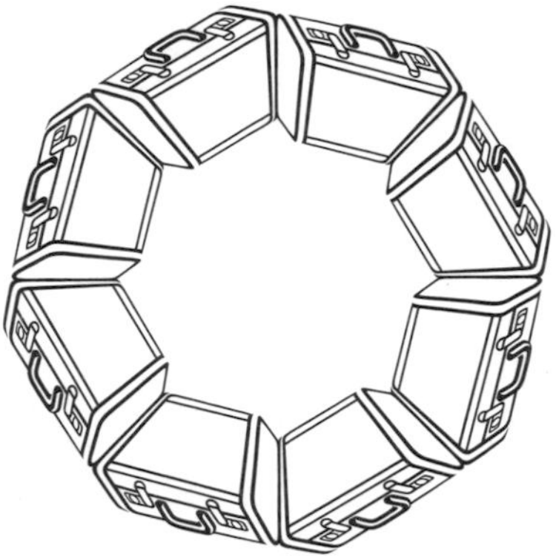

我應該警告你，喝太多茶會讓你變得亢奮激昂和輕率魯莽。

我見過廚師在我的品茗室激動忘形，真的。他們因咖啡因和新體驗的衝動而興奮到坐不住。他們掙脫椅子，在房裡四處走動，撫摸著手工製作的杯子，嗅聞裝茶的罐子，翻開抽屜探看。

一切開始的時候都很端莊，他們用大小不及拇指和食指圍起圓圈的小小品茗杯啜茶。他們或許未必抱著多大的期望，而且往往故作矜持，以便讓人留下好印象。

我擺弄我的蓋碗——這是傳統的中國茶具。它其實只是一個帶有蓋子的小杯，沒有壺嘴，所以所有的香氣都收在碗內。倒茶時，把蓋子傾斜一個小小的角度，剛好足以讓茶流出，但要讓茶葉留在裡面。需要練習才能用蓋碗而不燙傷手指，但這個技巧可以讓你快速準確地操作高茶水比的茶湯。我擺弄我的茶具，就像我在廚師的廚房裡時，他們炫耀他們的刀工一樣。

他們品嘗新口味，緊抱在胸前的兩臂開始放鬆。當然，我拿出我最稀罕的茶葉，並且隨著每種風味講述各茶園的故事。我的熱情由一個著迷的人傳給另一個，他們開始點頭而笑，讓我的熱情加倍回到我身上。

我們開始聊八卦。餐飲業是個結構緊密的社群，人們由一家餐廳流動到另一家餐廳，由一個國家流動到另一個國家。他們彼此認識，或者有共同的朋友。廚房和外場都承受著巨大的壓力。大家團隊合作，彼此依賴，建立了深厚的友誼，很少會有敵人。如果你不能在團隊中工作，在仇恨還來不及惡化之前，很快就會出局。

我見過許多廚房內部，知道誰跳槽到哪裡，以及那裡發生了什麼。要是我告訴你我所知的任何淫穢故事——赤手空拳的打架和儲藏室裡的魚水之歡；憤怒、疲憊和淚水；餐廳打烊後充滿混亂、放蕩、毒品的狂野之夜，只要我一透露，就不會再有人歡迎我了。

但是這一切都不盡不實。在已故的偉大名廚安東尼．波登（Anthony Bourdain）的搖滾時代，毒品並非不存在，他於一九九〇年代寫了一本關於餐廳生活的精彩之作《廚房機密檔案》(*Kitchen Confidential*)。他協助建立了廚師是叛逆巨星的形象，把他們推向更崇高的名人地位。年輕混混現在像饒舌歌手一樣神氣活現，身上的刺青比囚犯還多。他們的創意才華受到大量粉絲的崇拜。位於燈火通明餐廳入口後面黑暗小巷中的廚房門與舞台的門沒有什麼不同。社群媒體有助於按摩原本掩埋在地下廚房裡的疼痛自我，媒體的關注讓藏在爐子後不露面的天才有公開的舞台，他就像運動員或演員一樣，汗流浹背地由工作中冒了出來，腎上腺素飆升，準備一頭栽進縱欲享樂，這與廚房的嚴酷紀律形成對比。

頂尖的大廚並沒有對毒品上癮，不然他們無法維持那不懈的才華，早就耗盡了心神。但是還在向上爬的年輕男女，每周六天，每天十六個小時的艱苦勞動。請停下來想想，在餐飲業，這是非常紮實的工作時間，這是非常實在的奮鬥，日復一日，月復一月，不得喘息，報酬少得可憐。他們做這份工作是為了榮耀，為了他們的夥伴，並希望有朝一日能出人頭地。他們必須繼續向前，更加努力，達到更多成就。只有極少數人能夠走出地下室，進入名利雙收的璀璨光芒之下。他們可能會受到誘惑，想服用一點東西，以防止他們放棄，或屈服。

如果毒品不在廚房裡，往往也會在廚房外。教人畏懼的長時工作，輪班之間幾乎沒有時間休息，每周只有一天休假，這使得廚師可能會想要加快步調，充分利用那寶貴休息之夜的每一刻，但卻造成了折損。潛力無窮前途光明的年輕廚師獲得了第一輪的成功、認可或者只是責任，但他們並不總能適度地控制他們嗑藥的量。藥癮會惡化為憂鬱症，不難看出它是怎麼造成的。但在廚房這個要求嚴苛的世界裡，憂鬱症卻很少得到承認或協助。

我試著鼓勵他們喝茶。就像克里米亞戰場上的南丁格爾一樣，我的使命是拯救前線那些勇敢的年輕靈魂。當然，我是別有用心的。我想讓他們迷上我的產品，何況茶比古柯鹼好，它給你能量和持久的力量，不但味道更好，對你的身體也更有益。我提供的是可以為他們加油，而不是讓他們燃燒殆盡的好藥。

不過在大多數情況下，餐廳廚房是個快樂而紀律嚴明的環境，性愛多於毒品，歡笑和友愛比侵犯挑釁更普遍。廚師對彼此的愛和他們共同為一家餐廳獲取的成就而自豪實在美好。他們正在塑造一個教人驚嘆的世界。這一切無畏的奉獻已永遠改變了國際烹飪的景觀，幾乎沒有懶惰自滿的餘地。在二戰食物配給後曾因飲食平庸無味而淪為笑柄的倫敦，現在卻擁有許多舉世最好的餐廳；北歐人則因搜羅野生香草、螞蟻和發酵食物，掀起飲食界的漣漪；西班牙如今在烹飪界的地位高高在上，但它以往只以海鮮飯聞名；美國，熱狗攤和美式小餐館的故鄉，現在另闢蹊徑，在服務方面引領風騷；昔日居領先地位的法國，如今則像疲憊的賽馬，在賽場上落後，仰賴過去的榮光。擁有的越多，就會因改變和再造而失去更多。但變化也正在巴黎的後街小巷發生，新血輪不再緊緊依附於老師傅。

人們擠滿了他們的餐廳，並且就像過去在夜店外一樣，在最新開張的店外排隊。這是個令人興奮的世界，我有幸能成為其中的一份子。當我和一位國際知名廚師坐在一起喝茶，而他或她因這一切先前未知和未經探索的口味而激動時，這感覺就有點像用吉他即興演奏讓搖滾巨星動容，或者在奧斯卡獎得主面前唸誦莎士比亞劇本的獨白。隨著我們嘗試越來越多好茶，一切全都變得非常興奮愉快。即使是這些堅忍的專業人士也會向茶屈服。

所以，我必須警告你兩件事。

第一：喝好茶要小心；你可能會上癮而停不下來。如果茶真的很好，你可能就會深深沉迷，一喝再喝，直到你的心臟差點因快感和咖啡因而爆炸。即使是習慣於烈性毒品和絕妙口味的人，也會遭受席卷。

其次：歡樂可能會帶走你的壓抑。茶的精緻之美超越咖啡因，可能讓你頭暈目眩，讓你失去正常的控制力。極度愉快的經歷是如此不同尋常，因此我們對它們的反應可能同樣出乎意料。

我在義大利的火車上就曾發生這樣的情況。火車於下午兩點離開羅馬車站。我極不尋常地正在度假，要赴南方去訪友。那是平日的午後，我的車廂有一張桌子，四張椅子，全都只有我一人使用，還有我的大帽子。我把我的小行李箱放在對面的座位上，再把帽子放在上面。

正當火車駛離車站之際，有人在我身邊坐下。我正在看書，並沒有立即抬頭。我是先感覺到他，才看到他，感覺起來他就像一座發出嗡嗡聲的高壓電塔。當我小心翼翼地轉頭看他時，他正對著我微笑。

「那是你的帽子嗎？」

我不好意思地道歉，半站著伸手到桌子那頭去移開它，結果書掉在地上，他彎下腰去揀，他的頭幾乎垂在我的腿上。

「沒關係，別管它。我坐在這裡很好。」

在我感到不安時，會做兩件事：沏茶，塗口紅。

我拿出粉盒，把粉擦在發紅的下顎上。他專心地看著我，教我的臉更紅了，可以看到紅色爬下我的脖子。我拿出唇膏來塗，它一向都是紅色。塗口紅可以讓我放慢腳步，調整一下心情。可是這回沒有用。我拿出隨身的茶具，請他用我的保溫瓶去裝點熱水。

並不是人人都樂於接受陌生人要求做事，但如果你很溫和地請求，就彷彿這是舉世最自然的事情，像是你在請摯友幫忙，它有時會奏效。他由餐車回來時，我為我們泡了很稀有的烏龍茶，當時我的包包裡帶了一些非常高級的中國安溪鐵觀音。

我們嘗了一泡又一泡，它們展現出花的清香、淡淡的果味、鮮味和甜味。我們一直喝，直到茶葉完全枯竭，變成平滑的礦物光澤。他安靜地品嘗每一泡。

我向他說明，賣茶的師傅總是把他當年製作的茶葉排出十二個左右的等級，就像釀酒師排出他酒莊不同的葡萄酒一樣。我品嘗這些茶葉，挑出其中三種。他在紙片上寫下我所挑選茶葉的價格，並把紙片放在相對的蓋碗前。我們認識多年，雖然無法用同一種語言交談，但我們相處得很好，並且學會互相了解。他已經知道我們的規矩，於是走出了房間。

接著我重新挑出我選擇的三種茶，然後混淆它們的順序。只有我知道哪種茶對應他給我的哪種價格。然後我請他回來，他走到茶壺前，一一掀開蓋子，由蓋子內側凝結的水珠嗅聞香氣，但並沒有品嘗茶味。他僅僅憑著由下方浸泡著的茶葉所蒸發的液體氣味，重新把茶壺放回寫著價格的紙片前。到目前為止，他總是完全正確，證明他的定價不是隨便的數字。

在火車上坐在我身旁的那名男子全神貫注地聽著我的故事，每啜一口茶，他就更專注。我因他感動而感動，這使他更加感動。他跳起身來去取更多的水，我們又用一撮新鮮的茶葉重新開始。到後來我沒有在我原本該下的站下車，而是在他的站下車。我頂著寬大的帽沿慢慢地走，但心頭卻如小鹿亂撞。我無法在座位上多待片刻。

我們搭上敞開車窗的計程車朝港口急馳。我努力保持冷靜。他帶我走下一個搖搖晃晃的碼頭棧橋，來到停泊在白色玻璃纖維大船之間的一艘老舊小木船，它讓我想起了倫敦攝政運河（Regent's Canal）沿岸，停泊在麥達谷（Maida Vale）和櫻草山（Primrose Hill）億萬富翁房子之間的駁船。他說他的名字是文森・博納范突拉，不過我不相信。他說得一口流利的英語，詞彙豐富，但故意省略了所有的介繫詞。

我們並沒有碰一滴酒，但我卻覺得自己喝醉了一般，難以克制。我是英國人，當然十分拘謹，通常需要酒精才能讓我們放鬆，但是非常好的茶效果更好。他堅持要我泡更多好茶，映著落在平靜海面上的夕陽。他在船上廚房爐子上的水壺裡燒水。通常我不能不接電話，也不能不把正在響的笛音壺由火爐上拿下來，我用對話填補這其間的空閒，或是急忙回應敲門聲。但那個黃昏，我分心到無暇照顧開水壺的緊急呼叫，沒有去理睬。

兩天後，我和朋友們聯絡。他說了一些要我留下來的理由，但我認為只要不坦誠，就不必談任何理由。我確定我看出文森．博納范突拉像海盜一樣不可信賴。當我請他帶我上岸去車站時，我看到他大方的微笑一閃而逝，他總得要在某個時候讓我離開。

不要走。

他沒有大聲說出來，而是在我由計程車後座向他揮手道別時，用嘴型說出了這些字。朋友們問我到哪裡去了。我發了一些含糊的簡訊，並捏造了關於工作業務的故事，枯燥到不會引來更多問題。奇怪的是我現在雖然很樂意把這件事說出來，但當時我卻不願意談我的魯莽行為。回想起來，我可以把這一切都歸咎於鐵觀音。我敢確定，要不是文森頭一次嘗到好茶時的欣喜若狂，我永遠不會這麼大膽。要不是他那麼欣賞這種茶，事情永遠不會發展到這個地步。他體會了，所以，他成功了。

泡製鐵觀音或任何球狀烏龍

Making Tie Guan Yin (Iron Goddess of Mercy)or any Rolled Oolong

每 *60 ml* 水使用 *3* 至 *9g* 茶葉。如果用 *9g*，會瞬間泡出濃烈的茶湯；如果要比較徐緩的體驗，請使用 *3g* 或者介於兩個量之間的茶葉。水量和溫度保持不變。

水應加熱至 *95° C*——略低於沸水。在你泡茶時，它會自然冷卻。

首先應該先醒茶。倒入足以覆蓋茶葉的熱水，幾秒鐘後瀝乾茶湯，棄而不用，這稱為「洗茶」，但用意並非清洗茶葉，而是讓它們軟化。這些茶葉被卷成緊密的球形，表面積與體積比很低。在非常熱的水中快速沖洗能使葉片張開，讓下一泡的水更深入滲透到茶葉之中。它也會釋放出最初的美妙香氣。

接著嗅聞茶葉的味道。釋放出來的香味會暗示你即將在下一泡茶湯中顯現的味道，這是教人興奮的時刻。

在茶葉上倒入 *60 ml* 水（大約比半杯少一點）。如果你用的茶量較少，請讓它浸泡 *30* 秒。用 *9g* 的茶只要深吸一口氣的時間就可以倒出。

你可以把茶湯濾到一個小壺中，然後把茶倒入像清酒杯的小品茗杯中，大小不會超過食指和拇指圈起來的圓圈。把小壺中的茶倒入這些小杯可讓你一小口一小口真正地品嘗。而且，當然也可以分享它。

最多可重複沖泡七次，或直到茶葉沒有味道。

你不必重新把水燒熱—除非是待了很長一段時間，慢慢地啜飲。隨著水溫冷卻，茶葉也變軟，更容易滲透。後面幾泡茶湯的絲滑風味在較低的水溫下發揮得最好。但如果你感覺茶葉已經耗盡了味道，

可以把水加熱回到 *95° C*，泡最後一泡，以獲得可愛的乾礦物味和最後的植物味。如果你用的是像大紅袍這種生長在武夷山高岩峭壁中間山凹處的深色武夷茶，這招可以產生真正了不起的效果。好的鐵觀音可以比作不甜的紐西蘭的麗絲玲白酒（*Riesling*）——一開始充滿了濃郁的花香，還有一種甜味，但不是黏膩的甜，是在鼻子上，而非在味道或質地上。接著是複雜、鮮活、清新、植物的中調，和平滑悠長的餘味。

既然我們人在義大利，我就該提一提卡拉布里亞（Calabrian）香檸檬對英國茶的巨大貢獻。正是這種來自義大利南端的苦澀柑橘水果讓伯爵茶得以歌唱。

伯爵茶的歷史充滿了神話。格雷伯爵（Earl Grey）是否（或者哪一位格雷伯爵）與它有任何關係，還有待商榷。我設法確定的是，在一八六〇年代後期就有「格雷調製」（Grey Mixture）的廣告，說它有「知名贊助人」，但一直到一八八〇年代都沒有提到貴族，並且也依舊沒有提及香檸檬。我能找到關於香檸檬最早的參考資料出現在一八三七年，當時茶葉經紀公司布魯克索普（Brocksop & Co.）遭到指控，因為他們偷偷地把香檸檬添加在普通茶葉裡，讓人誤會是較昂貴的高級產品。

伯爵茶是如何以及何時變成是帶著香檸檬香味的紅茶，還有討論的餘地，但這就是我們現在所知的名稱。對此我有個理論，但不能保證它的真實性。

十九世紀後期的米蘭流行在咖啡表面加一點檸檬皮碎屑，帶出柑橘的味道，迄今依然如此。這種習慣在英國也開始時興，的確，我們英國甚至更進一步，在喝茶時也做同樣的嘗試。最早的記錄不是把檸檬片放進茶杯裡，而是用檸檬皮。檸檬皮中的油脂放在茶裡比檸檬果實中刺激的檸檬酸好得多。在你的茶上噴一點檸檬油，就像把它噴在馬丁尼或濃縮咖啡上一樣可以提味。

當一種陌生而美妙的柑橘由義大利運到英國來之後，情況變得更有味道。柑橘香檸檬（citrus bergamot）[6]是卡拉布里亞一種苦橙和一種檸檬天然雜交的品種，這種獨特水果的果皮非常適合搭配茶。和檸檬不同的是，在歐洲某些地方，一年到頭都是檸檬產季，但香檸檬的產季非常短暫、產地單一，供應非常有限。精明的製茶業者無法隨時把新鮮的香檸檬果皮油噴進茶杯裡，就由果皮中萃取油脂，混入乾茶葉裡。

6 編注：在中文世界常被誤譯為佛手柑，兩者為同屬不同種的植物。常用於伯爵茶與香氛中的為香檸檬。

你今天看到的大部分伯爵茶，包括來自大製造商、著名品牌的產品，都不再用香檸檬這種昂貴且揮發性強的精油。如果你把一盒茶包放在櫥櫃裡，香檸檬的香味就會迅速消失，不如用香檸檬「調味香料」比較容易，而且更便宜。有時候你也會在茶包裡看到藍色的小花，那是矢車菊，與味道無關。老實說，它們什麼味道也沒有。我猜它們放在那裡是為了混淆視聽，讓它看起來自然漂亮，貪婪自私地掩飾人工的痕跡。

香檸檬起源於義大利半島南部最尖端的雷吉奧卡拉布里亞（Reggio di Calabria）附近的古老柑橘園。在我拜訪那裡時，也有其他志同道合的好夥伴：香奈兒和嬌蘭等香水公司仍然購買真正的果實。但我也有不太好的同伴：義大利的這個地區很神祕，籠罩在古老的習俗中，尤其是受到當地黑手黨「光榮會」（'Ndrangheta）的掌控。我還想繼續購買好的卡拉布里亞香檸檬，所以這個話題就談到這裡。雖然我很想告訴你我在這個地區的冒險經歷，我遇到的人和我所看到的事，但我不會這樣做。我或許很愚笨，但並不糊塗。

如果你對精油優於調味香料的好處有任何疑問，不妨拿一個裝有「天然香檸檬調味料」的茶包泡茶。然後取出茶包，把它撕開聞一聞，就會發現它的味道很像你用來清潔浴室的檸檬味產品。然後再聞一聞用香檸檬油製成的伯爵茶葉，你就會明白為什麼儘管卡拉布里亞有很多問題，我還是要冒險前往。這兩者簡直是天壤之別。

沖泡伯爵茶

Making Earl Grey

每 *150 ml* 的杯子用 *2.5g* 的茶葉。

如果你想加奶喝，我會用加熱到 *95° C* 或沸點的水，泡大約 *90* 秒至 *2* 分鐘。如果什麼都不加，我會把溫度降到 *80* 至 *85° C*，然後快速沖泡，大約 *45* 秒至 *1* 分鐘。

如果你喜歡伯爵茶加檸檬，就把一條果皮在杯子上方迅速縱向折斷，讓檸檬油噴到茶湯上。

真正的香檸檬油可溶於冷水，因此用真正的伯爵茶製成的冷泡冰茶味道絕佳。每公升水只要用 *5* 或 *6g*。加調味香料的效果不太好，因為它們原本的設計是讓香味在沸水中發散。

我真的很喜歡在下午來一杯伯爵茶配奶油餅乾。奶油、糖、濃烈的紅茶、柑橘味，確實是絕配。

第十四章

題外話——下午茶的故事

A Diversion：The Story of Afternoon Tea

下午茶已流傳千年。隨著日光逐漸消退，不渴望一杯下午茶簡直不合人性。但我們現在所認定的下午茶卻徹頭徹尾是英國的發明，在十九世紀中葉出於貴族對下午刺激的需要，以及展示他們的財富和良好品味的欲望而成形。

我對下午茶最早的記憶與好品味無關，甚至與茶也無關。這並不足為奇，只要你讀過任何關於下午茶的書籍或文章，就可能會認為茶在餐桌上根本沒有地位可言。在這些書或文章裡很少談到茶，頂多只是間接的提及，它們的重點集中在蛋糕、點心、司康（scone，英式小圓餅）和三明治上。在現代的傳統中，香檳才是更教人難忘的飲料；茶放在那裡只是個形式。

對我而言，最早的下午茶重心在爺爺奶奶家的可樂。大多數周日，我們一家人都會駕車向北，乘一輛破舊的黃色老福特旅行，由破舊的維多利亞時期風格的倫敦南部來到聖約翰伍德（St John's Wood，北倫敦高級住宅區）較優雅的喬治王朝風格街道。奶奶大部分時間都在樓上她的臥室裡，我們稱她為「床上奶奶」。據我所知，她的身體並沒有什麼問題，只是喜歡待在房裡。她並不邋遢，頭髮總是梳得整整齊齊，潔白的床單就像舖在樓下餐桌上準備喝茶的桌布一樣平滑。

去邊的白麵包三明治蜷曲著放在桌上，蛋糕來自超市，海綿體的顏色和綿密程度與你用來擦盤子的用具一樣，上面覆蓋著一層又一層厚厚的粉紅糖霜。這茶並不像我在蘇格蘭黛安娜家愛上的茶，那種嘗起來像冒險味道的醇和大吉嶺；這茶濃烈、苦澀，可怕。

我不必喝它，我獲准喝可口可樂。這是我一周最精彩的高潮。家父在阿根廷長大，奶奶（當時並不臥床）和馬爺爺（他曾經當過騎兵）在那裡養牛。在炎熱的南美洲，父子倆對這種深色的甜飲料上了癮。我愛這兩人勝過其他人，因此也想愛屋及烏，但可樂冒出強勁的汽泡，讓我噴嚏連連。馬爺爺在他的床邊放了一大玻璃瓶這玩意兒，它在那裡變得溫暖而平順，正是我喜歡的那樣，倒進深綠色的馬克杯裡，漆黑而神祕。

我五歲時，床上奶奶從樓梯上摔下來去世了。我一直覺得這證明她留在房裡不動有她的道理。馬爺爺幾年後走了，我對可口可樂的愛也隨他一起消逝了。我想念他，但不想念下午茶時間。他總是會把五十便士放在漫畫書下塞進我手裡，而且他總是興高采烈，但他生在比較刻板的世界，總是穿著外套，打著學院風格的領帶，釦著軍服鈕扣，甚至和孫輩一起喝茶時也是如此。我的腿不由自主地抖動起來，而且因為我吃了糖和咖啡因而更加嚴重。不溜走很痛苦，然而我也害怕得在吸音的桌布前提高嗓門，當著眾人發言要求下桌。我渴望去別的地方。這不是非常吉利的開始。

然而我告訴你，如今全球最好的飯店都請教我如何製作盛大奢華的下午茶，這未嘗不諷刺。我已經由聖約翰伍德走了很長的一段路，而下午茶的儀式本身也是如此，由開始到現在有了很大的變化。

人們常說，嫁給英王查理二世的凱瑟琳公主（Catherine of Braganza，一六三八至一七〇五，葡萄牙公主）是第一個讓茶在英國流行起來的人。很多紀錄顯示她的嫁妝有茶葉，但如果你深入研究這些文件，就會發現它們沒有提到茶壺，也沒有提到茶杯或任何茶具。沒有這些珍貴的用具，就無法泡茶。她有很多用來泡咖啡和喝巧克力的裝備，但沒有茶具。她是否飲茶，或者這只是她嫁妝中的寶貴資產，還值得商榷。可以肯定的是，茶在十七世紀已經進入了英國，而買得起茶的人都愛上了它。

在那之前，英國人是喝酒喝得迷迷糊糊。他們暢飲當地生產的啤酒和蘋果酒，而有足夠財力的人則因進口葡萄酒而酩酊。牛奶是給孩子喝的，喝水則可能會致命。接著卻突然發生了變化：人們歡欣鼓舞，不是因為讓大腦陷入麻木狀態，而是由於刺激它。酒是一種鎮靜劑，一種催眠藥。英國人頭一次開始喝興奮劑。在英格蘭成為共和政府（一六四九至一六六〇年）的短暫歷史時刻，在兩位斯圖亞特國王之間，茶、咖啡和巧克力都來到了因啤酒而醉眼朦朧的英國海岸。也許這頭一批興奮劑助長了這場革命（正如後來它們在波士頓的情況）。

就像人一樣，這些新的藥物有嚴格的階級制度。放蕩不羈、招蜂引蝶的喝巧克力，咖啡留給商貿人士，茶則是有教養的人喝的。

巧克力來自美洲，來自墨西哥這種古老的文明，當時基督教的西方國家視當地人民為粗魯的野蠻人。此外，它是經由信奉天主教的西班牙而來，信奉新教的英國經常與西班牙交戰。人們認為可可豆對女性是危險的興奮劑，會使她們的心智轉向感官的放縱；不只是興奮劑，還是春藥。喝巧克力是非常放縱的行為，會導致猥褻下流。它在妓院、賭場和夜總會中容身，這些地方都是有錢人經常光顧的聲色場所，大家都知道它會引起歐斯底里。有人設計了一種稱為「trembler」（防潑灑顫抖碟）的特別碟子，好讓巧克力杯能在顫抖的手中保持穩定。

咖啡來自以哲學和學問而聞名的阿拉伯世界，一個擁有豐富文化的地方，然而在十七世紀的英國人眼中，這種文化並沒有超越他們自己的文化。或許在某些開明的圈子裡會欣賞它，但仍認為它是非常外來而且屬於異教徒。咖啡既昂貴，又富於異國情調，得用咖啡壺煮，裝在小杯子裡喝，但並不那麼有品味。男人在咖啡館裡喝咖啡，在那裡見面談生意。原本封建的農業經濟正朝著外貿和工業化的新方向發展，需要聚會的場所來跨越嚴格的階級壁壘，建立關係和交易。咖啡館是主張平等的新場所——只要你是男性，並且有足夠的資金參與。在談生意和傳播思想觀念的地方，階級和商業摻雜在一起。女性當然被排除在外，除非是提供服務。

與同樣炙手可熱的姐妹相比，茶地位更崇高的原因與它的傳承和血統有很大的關係。茶來自中國，如果說咖啡和巧克力是不受待見的外來文化先驅，那麼茶則屬於教人嚮往的一方。中國先進而講究，是絲綢和瓷器的供應商，其品質遠遠優於英國本地的產品。這是一片神祕而遙遠的土地，以它的藝術、天文和哲學而知名，如今它的茶葉也到來。而隨著茶而來的，是用來沖泡和飲用茶的精美瓷器，以及泡茶的優雅儀式。擁有中國茶葉、茶具和泡茶的技巧，是財富、文化和精緻品味的象徵。

在最宏偉的住宅和宮殿緊閉的門後，貴族階級沉迷於這三種飲料。王室飲用茶、咖啡和巧克力，貴族認為自己淩駕於普通社會的規則之上。妓女和公主可以用她們自己的方式，在她們自己的地方，在男人面前喝巧克力。但意志薄弱的普通女人可千萬不能這樣做。男女都在家中飲用咖啡，避開粗俗的買賣，但茶在上流階級中占有特殊的地位。這杯飲料不會引誘你驕奢淫逸，也不會讓你與齷齪的商業沾上邊，而使你蒙受被玷汙的風險，反而把你提升到高雅精緻的巔峰。

在富豪之家，珍貴的茶葉得用不能交託給僕人且極其貴重的器皿精心準備。女主人會把她的茶葉放在像珠寶盒那樣帶鎖的小盒子裡，這種盒子通常都塗上一層保護性的鉛塗料。（那些貴族的化妝品中曾經含鉛，把水引入他們房子裡的水管含有鉛，他們的茶也含有鉛。鉛中毒的影響包括會造成瘋狂。）在餐桌上，她用開水壺保持水溫，在稍後的時期則用精緻的銀製茶炊，放在酒精燈上保持水溫。她用很小的瓷壺泡茶。如果你去到倫敦的維多利亞和亞伯特博物館（Victoria and Albert Museum）參觀，就會看到和現代茶杯一樣小的精彩範例。茶杯本身還要更小，沒有把手，所以被稱為茶碗或茶碟。

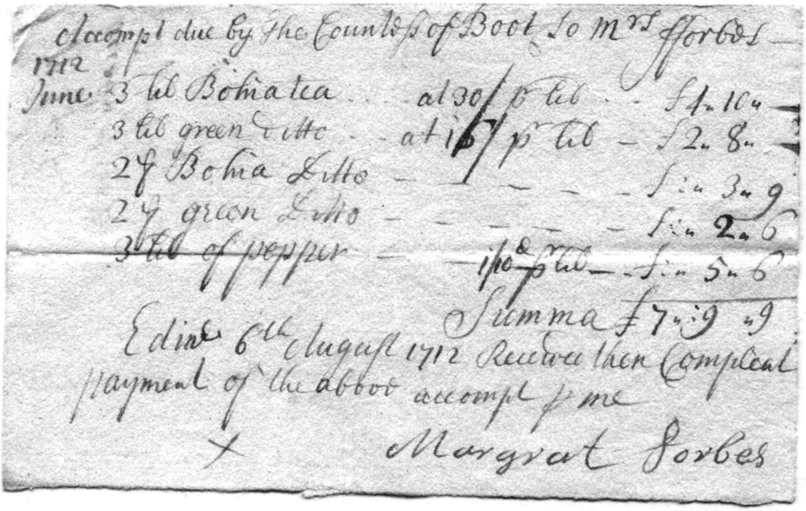
Accompt due by the Countess of Boot to Mrs fforbes
1712
June 3 lib Bohia tea ... at 30/ p lib ... £1.10
3 lib green ditto ... at 16/ p lib ... £2.8
2 ℥ Bohia Ditto ... £:3.9
2 ℥ green Ditto ... £:2.6
3 lib of pepper ... 1/10 p lib ... £:5.6
Summa £7.9.9
Edinr 6th August 1712 Received then Compleat payment of the abbov accompt p me
Margrat Forbes

1712 年 *6* 月的買賣契據，取自斯圖亞特山的比特檔案館

泡茶使用的茶葉量很少，剛好裝滿這些茶碟。茶葉沖泡一遍又一遍，直到人們享受了茶的每一種風味，茶湯已無滋味。由女主人用她個人收藏的進口珍品親自服務而產生美妙的親密感，是樂趣的一部分。英國歷史皇家宮殿（Historic Royal Palaces，成立於一九八九年的獨立慈善組織，管理六座英國宮殿）的食品歷史學家馬克．梅爾頓維爾（Marc Meltonville）表示，只有女王本人才會避開這種儀式，而交由她的一位侍女負責。

我在蘇格蘭比特島（Bute）上古老的家庭檔案中發現了一張買賣契據，日期是一七一二年六月，顯示我的遠祖母（6-times-great-grandmother，即曾祖母為第一代，再往上推算至第六代，恰合中國人算法：父、祖、曾、高、天、烈、太、遠、鼻的遠祖母）——伯爵夫人，也很喜歡喝茶。重僅三磅的絕佳「波希亞」茶（bohia[7]）花了她高達四英鎊十先令——以今天的幣值計算，約為數千英鎊。

這種珍貴的商品是由中國用東印度公司的大型帆船運回英國——這是一段危險的旅程。東印度公司為商業貿易大宗採購，但最好的茶葉卻並不是透過官方管道，而是裝在珍貴的小包裹裡，收藏在船長的艙房，當作船員的免稅津貼。買賣契據上的賣方瑪格麗特·福布斯（Margaret Forbes）可能是船長的妻子。她的異國商品並不是王公貴冑廚房所採購龐大庫存中的貨品，而是豪門主婦自行所購之物，透過一連串信賴的關係傳送：由貿易商到船長到客廳裡的貴婦，她們打開絲綢包裹，交換小額財富。

東印度公司把茶葉的價格訂在遙不可及的高位。除了小筆的私人交易之外，他們完全壟斷了茶葉貿易，因此可以隨心所欲地收費，賺取巨額利潤。此外，政府還徵收一一九%的高額稅收，據說是為了勸阻人們喝茶的習慣，防止以貴金屬支付的費用從歐洲流

7編注：此處作者如實抄寫契據上的茶葉名稱bohia，但實為bohea之誤寫，第十九章即採止確之拼寫。

向中國。此外，戰爭也需要資金，而茶葉是直接向富人徵稅的有效方式。

但高價只會助長珍貴茶葉的走私和污染。那些暗色的帆船在僅有一線銀白月光的黯黑夜色掩護之下，偷偷駛入安靜的海灣，它們不只是因白蘭地和蘭姆酒而晃蕩，還裝滿了茶葉。當你想到康瓦爾和蘇格蘭的漁民順著寂靜的河流走私貨物，或者在公海上的海盜時，知道他們在乎的不是蘭姆酒，而是一些乾葉片，實在是很奇怪。走私到英國的茶葉比稅務員歷來所見的還要多。有些報導宣稱，十八世紀中期在英國所喝的茶中，有八〇％是非法走私的。若以今天的幣值來計算，我們談的是數十億英鎊。

拿出來出售的茶葉，無論合法與否，都常被偷加重量和受到污染。比如商人常用羊糞來增加紅茶的重量，劇毒的碳酸銅和鉻酸鉛則用來讓不新鮮的綠茶綠一點。就像古柯鹼添加其他物質以加強效果，或者混合冰毒（甲基安非他命）和鎮靜劑冒充搖頭丸一樣，茶也遭到濫用。

一七八四年的減稅法規定，把茶葉稅降至一二．五％之後，走私和危險的摻假行為就結束了。合法購買的茶葉價格大降，一般人比較能夠負擔得起。有錢的人變得比較樂於把它拿出來分享，而且公開這麼做。

現有的說法是，十九世紀中葉的貝德福公爵夫人（Duchess of Bedford）讓下午茶開始流行。她在書信中雖提到了這個習慣，但不太可能光是她自己的想法。當時的有錢人家下午一點午餐，晚間八點晚餐，僕人則在六點先用餐。一戶好人家就像一支好軍隊一樣，要靠填飽肚子才能運作，但飢餓卻無法讓兩餐之間的時間縮得更短，因此兩餐之間拉開了大大的間隙。還有哪個時間比精神萎靡不振，還得苦熬到晚餐的下午更適合提供茶和點心？這不僅展現了高尚的品味和富裕的生活，也顯示了閒逸的奢侈。這些貴族既無所事事，又飢腸轆轆。能夠享受一個懶散的下午正是財富這偉大特權的標誌，本身就受到頌揚讚美。（和我們現在以不斷忙碌為尊截然不同。）隨著下午的時光緩慢移動，放蕩不羈的領主可能會端著一杯茶癱坐在沙發上，沉溺在交談之中，當然免不了聊些八卦。沒有就業問題的干擾，人們進進出出，來來去去，成了有趣的消遣，就像茶本身一樣美味。在十八世紀的倫敦，茶被稱為「醜聞飲料」。

正如塞繆爾．約翰生（Samuel Johnson）在一七五七年《文學雜誌》（*The Literary Magazine*）的文章中所寫的：

> ……茶是不適合下層階級的酒，因為它無法為勞動提供力量，也不能讓疾病獲得緩解，只能滿足味覺，卻沒有滋養身體。這是一種無用的非必需品，負擔不起生

活所需的人，就該精打細算，不能讓自己習慣它。它的適當用途是供有閒的人消遣，讓好學的人放鬆，以及稀釋不能運動又不願節制者的大餐。不容否認，時間在這平淡的娛樂中流失；許多人在茶几上浪費了原本應該運用得更好的光陰。

女主人不願意在客廳裡為接二連三的客人泡茶。過去她一次只要泡寶貴的一杯就好了，現在卻得要更大量的茶。因此泡茶移到樓下傭人房，也需要有新的泡茶方法。先把水壺裝滿水，把它燒開，確保水可以安全飲用，然後把少許開水倒入客廳的茶壺溫壺，同時讓開水壺稍微冷卻。他們用兩個茶壺泡茶：一個比較小的廚房茶壺用來泡茶，一個比較大的客廳茶壺用來倒茶。在廚房茶壺中泡了第一泡，然後把茶湯倒進已經溫好壺的客廳茶壺。第二泡重複同樣的過程，依此類推。

他們以這種方式用茶葉泡了幾泡完美的茶湯，全都倒入準備上茶用的客廳茶壺，然後把裝有多泡茶湯的茶壺送去客廳，視場合由女主人或管家倒茶。客廳茶壺在送到樓上前務必要溫壺，以維持泡好茶湯的溫度。如果你把茶倒進冰冷的瓷器裡，茶湯就會冷掉。這就是英國人養成溫壺習慣的原因。我們雖然記得要溫壺，但未必明白為什麼。

如果你把好茶直接由泡茶的茶壺倒入杯子裡，那麼並不需要先溫壺，只要先把茶壺沖洗乾淨，確定裡面沒有茶葉或殘水就可以了。我們必須用滾水泡茶的觀念是非常現代的現象，其實只是為了要由現代商用茶包中泡出味道。

由於較便宜的殖民茶葉在十九世紀越來越普及，因此階層較低的家庭也很快就採用同樣的方法泡茶。儘管先前王公貴族花一整個下午遊手好閒喝茶，但對於需要工作的男女而言，下午茶是在一天結束時和晚餐一起享用的。全家人圍坐在餐桌旁，享受一大壺茶，或許沒有富人下午喝的茶那麼好，當然也一定沒有那麼貴，但沖泡得恰到好處，每一點味道都發揮到淋漓盡致。他們並沒有把珍貴的茶葉留在茶壺裡泡著，而是像富豪之家的廚房裡一樣：在小壺裡泡，然後把茶湯倒進大茶壺裡。一泡又一泡精心地浸泡和融合。然後把較大的茶壺放在餐桌中央，外面包著茶壺套保溫。

直到二次大戰，情況才起了變化，不僅是茶葉的供應，而且連它的製作方式也有了不同。英國政府配給的茶葉比較粗糙，無法用細心的沖泡細膩地展現微妙的差別。它需要高溫和長時間的沖泡。在政府的宣傳影片中，身穿白實驗袍的男子以刺耳的聲音勸告喝茶的人要用剛煮開的水長時間沖泡。一九四六年，喬治・歐威爾(George Orwell)在《旗幟晚報》(*Evening Standard*)上以比較文藝的方式撰寫了一篇如何泡好茶的精采論文。他寫的並不是如何像戰前的公爵夫人在客廳裡泡散葉好茶，而是向站在被炸毀房屋廢墟中的人們談配給茶，湊和著繼續撐下去。

比較好的茶葉要用比較溫和的溫度才能泡出滋味。如果你真的喜歡非常燙的茶，我倒有個解決辦法。你可以用攝氏八十五度的水泡茶，讓它發揮最佳的風味，但請先用沸水溫杯。你可以把泡好的茶湯濾掉茶葉，倒入滾燙的杯子裡，這不會影響它的味道，但會提高溫度，而且茶湯入口時可能就會夠燙。最好預熱你的茶杯，而非你泡茶的茶壺。

回到十八世紀貴族客廳的慵懶午後，美好的茶湯需要配點好吃的點心。它並不是豐盛的餐點，重點是要讓你熬到晚餐時分，而不是剝奪你的胃口。第一道配茶用的點心是白麵包和奶油。白麵粉的生產成本較高，而且大家認為越精製越好。含乳脂的奶油淡淡地平衡了茶多酚在味覺中造成的乾燥感。一片麵包和奶油增強而非壓抑了茶味，就像擺設奢華的餐桌下面的白桌布，或油畫四周素色的畫框。

但英國的天氣常常又冷又濕。想像一下還沒有中央空調之前巨大而通風的客廳，人們需要一點熱的食物，於是開始了茶馬芬（tea muffin）的短暫故事，如今稱它為英式馬芬（English muffin），就是美國人早餐配蛋和荷蘭醬吃的那種馬芬餅。馬芬最初是出現在英國茶几上的圓頂銀盤中，但問題在於它們確實必須新鮮製作，因此當人們家裡不再有廚師能每天下午製作它們時，它們就失寵了。

隨著來自殖民地的紅茶越來越多，需要不同的點心搭配。這些茶色澤更深、味道更濃、更澀。茶多酚在它們的風味特性中占更多的主導地位，因此塗抹凝脂奶油和果醬的司康餅開始風行。大家並沒有在茶裡加牛奶和糖——而是吃奶油濃郁的甜味食物來配茶。

就在二戰期間，牛奶開始普及。戰爭是品味的平衡器，不論是公爵夫人還是清潔工，人人都喝同樣的茶。儘管在精美的中國茶中加牛奶是討人嫌的行為，但廉價的配給茶卻需要牛奶來平衡苦味。牛奶並沒有使茶失色，反而增添了茶的風味，就像為拳頭套上拳擊手套一樣，減輕了拳頭的衝擊，但並沒有削弱拳頭的力量。

在一些老一輩的英國人看來，渴望享用美食或好茶似乎是一種背叛，彷彿因為選了較好的東西就忘了本，與當年眾人齊心共度難關的平等時光脫了節。以往社會各階層並肩作戰，人人都得到同樣的配給。英國人肩並肩非常有效地同心協力，沒有樓上樓下的主僕之分，一直到和平來臨依舊繼續互相照顧，不計代價。國民保健署的成立是為了要讓所有的人在需要之時能得到免費的全民醫療健保，這確實是值得驕傲和堅持的事。但我們已經不再配給，回到以往，購買我們所能負擔的最佳茶葉並不是背叛。其實如果我們放眼全球，藉由購買更好的茶葉和支持茶農，幫助這些有需要的兄弟姐妹，才是更充分地發揮這些傳統。

茶几上放滿蛋糕和甜點的想法是戰爭年代的另一個產物。托爾金筆下哈比人在舒適的地洞，以及撰寫小熊維尼並改編《柳林風聲》（*Wind in the Willows*）搬上舞台的 A. A. 米恩（A. A. Milne）所描寫溫暖火爐邊的點心和舒適，是來自參加過一次大戰的人的想像。他們以充滿家常細節的筆觸，勾勒出因擺滿點心而發出呻吟的茶几，與戰壕的匱乏和混亂形成了鮮明的對比。二戰時經歷倫敦大轟炸的孩子擠在避難所和地鐵站躲避空襲炸彈，他們因為實施糖的配給，而被剝奪了甜食，這樣的故事帶給他們夢想。

實際上，從前的下午茶只是一壺精美的茶配上一兩盤美味的食物作為搭配。即使在最豪華的旅館裡，它也比我們現在想像的簡單。這是喬納森・勞斯（Jonathan Routh）一九六六年在他的《好茶指南：倫敦哪裡可以喝好茶》（*Good Cuppa Guide: Where to Have Tea in London*）中對克拉里奇酒店的評論：

在會客廳的一個隱蔽角落，一位打扮光鮮亮麗，燕尾上有很多金鈕子，其他地方也綴著金穗帶的男士負責上茶。和我一起在場的還有另外八位顧客，都是法國人。我們之中有兩個人拿到一個盤子，裡面有九個兩吋長一吋寬的三明治，每一個都是薄切片機藝術的傑作。它們全部的重量相當於半個北環路三明治。我由糕點中挑了一個四吋的閃電泡芙，看起來又薄又細，但吃起來味道很好。為了刁難那個金光閃閃的人，我要了一個馬芬餅，也如願了。茶本身還好，至於賬單，我們兩個人十五先令。

對於康諾特（Connaught）酒店的下午茶，他說：

與這裡的午餐或晚餐相比，相當令人失望。在小會客室裡飲用，裡面的人似乎都是美國流氓。兩人一壺茶的賬單是七先令。

書中完全沒有提到已經成為常態的三階段下午茶餐點。先上三明治，接著是司康，然後送蛋糕和酥皮點心的想法似乎是在一九七〇年代發展出來的。當然，如今這已成了標準，但它是相對現代的發明，而不是神聖的傳統。如果做得好，它就是戰時作家所憧憬的美味茶宴。但現在它變得越來越華麗，越來越講究精美的蛋糕和氣泡酒，和茶的關係卻越來越少。香檳不適合搭配甜食。如果你非得要喝，不妨在下午茶一開始時配上美味的三明治。等到你接下來享用司康餅時，茶是更好的伴侶，一如預期。

荒謬的是，「下午」可以由早上十一點一路延長到晚上十一點，以滿足觀光客的訂位。下午茶的創新通常著重在蛋糕的外觀和形狀上，糕點師傅在這方面全力發揮，以吸引社群媒體的關注，但他們卻不在乎創造與這一餐的主角——茶協調的口味。而茶呢？看到它受到如此粗心地對待，遭到嚴重的濫用，實在教我痛心。

請尋找製作精緻下午茶的地方，有滋味和它們的外表一樣美好的蛋糕，每一道點心都悉心準備，與美味的茶完美搭配。而且在你為奢華體驗付費時，請不要忍受漫不經心隨便沖泡的茶葉。如果我們為我們的茶挺身而出，對抗漠不關心的自矜自滿，就可能為自己爭來更多的樂趣。

一天，我坐在希斯洛機場的一間餐廳裡喝咖啡等班機。坐在我旁邊的女士點了英式早餐茶。送來了一個大壺，裡面只掛著一個茶包。茶壺裡裝了夠三、四杯的水，但只有一個茶包，茶湯又薄又淡。我看到她朝裡面倒牛奶，杯子裡的水變成教人噁心的灰色。她邊喝邊皺眉。

我問她味道是不是像看起來那麼可怕，她說是。

服務生送賬單過來給她時問道：「一切都好嗎？」

「是的，謝謝。」

我向他說茶味很淡，因為茶壺雖大，但裡面只有一個茶包。

服務生一臉震驚：「從來沒有人說茶不好。」

「從來沒有？」

「從來沒有！」

我轉向我旁邊的女士：「你喜歡這壺茶嗎？」

「不，味道太糟了。」

服務生沉下臉來：「你為什麼不說呢，太太？」

她尷尬地聳聳肩。他走後，她說，「本來就是這樣啊。我以為這裡可能會好一點，但卻並非如此。」

一九七〇年代重新塑造的下午茶強調的是盛宴而非提神。你不能指望自己由桌前站起來想道：「好了，我已精神大振，恢復活力，準備迎接夜晚，可以吃晚餐了。」反而比較可能會站起來呻吟，因為自己攝取了未來一周所需的所有卡路里，必須像蛇一樣躺平，才能消化這一切。我的意思並不是不要這麼做，差得十萬八千里。我喜歡偶爾放縱一下。我愛這種現代的下午盛宴，就像我有時會喝醉一樣，明知免不了會宿醉，但只要暢飲和友伴所帶來的即時歡樂值得，那就夠了。

就像和佛格斯・韓德森共進午餐一樣。

幾年前，我為佛格斯和他在倫敦的聖約翰餐廳量身打造了一種下午茶，不符常規地添加了烏龍。他想要一種茶，可以搭配下午供應的三種圓滾滾的小麵包。這三種麵包像臀部一樣柔軟圓潤，分別填塞了鯷魚奶油醬、李子果醬和黑巧克力熔岩內餡。雖然只用一種茶搭配這三種組合並不容易，但我確實調出了一款非常好的茶，與每一種口味都能完美搭配。這是我最自豪的成就之一。我真不該告訴你祕訣就在於烏龍茶。調配茶葉是得來不易的技巧，我也因此獲得了豐厚的報酬，但我忍不住炫耀。這是我早期的成就，我仍然為此得意。我也不應該說這種話，我們不該吹牛。有教養的英國人受的訓練是，在情況很糟的時候說還可以，在情況極好時說還好。

不久之後我們共進午餐，這是一頓又長又愉快的午餐，和佛格斯共進午餐一向如此。吃完布丁後，我點了我特製的調和茶，佛格斯則點了法國阿讓（Agen）地區出的蜜棗李白蘭地，叫做 Vieille Prune。當然，出於禮貌，我也點了一杯，佛斯則點了茶作為回報。我把 Vieille Prune 倒入我的茶中，就像熱的雞尾酒「火熱托迪」（Hot Toddy）一樣。我很確定這兩種味道一定很配，因為這茶正是為李子麵包製作的。佛格斯嘗過之後雖然沒有先前那樣茫然，但他卻表示可能需要一些調整，才能調出像樣的飲料。

我進一步問他時，他的回答避重就輕，也沒有任何精確的指示，只提出一些泛泛的想法。佛格斯的本質更像詩人，遠遠勝過他的講說。我們安排了一天晚上讓佛格斯和他太太瑪戈特（也是備受推崇的大廚）來我家吃晚餐，我們三個人一起想李子茶飲的配方。

為了研究和實驗，我們坐在我的廚房裡喝了好幾桶茶和 Vieille Prune，我想我們可能還喝了一點葡萄酒配牛排，現在印象有點模糊。瑪戈特和佛格斯真是好友伴，佛格斯很有耐心，謙和，而且非常親切，難怪他這麼受人歡迎。瑪戈特則大膽、堅強、有趣且充滿活力。

他們毫不費力就改變了世界。在一九九〇年代的聖約翰餐廳，從鼻子到尾巴全都入菜，運用動物的每一部分，而不僅僅是專注於昂貴的肉而已，這樣的觀念又回到了英國烹飪的最前線。在當時，採用簡單、新鮮的時令食材是革命性的作法，就像對這些食材的溫柔處理，而非依靠炫耀技巧一樣。他們提倡歡樂的招待，而不是繁瑣的形式，徹底改變了烹飪世界，甚至讓這種作法到如今成為常態，而新式烹調（Nouvelle Cuisine）則完全被人遺忘了。

在他們離開時，我全身盛裝地倒在餐桌下，直到黎明時分才醒來，全身僵硬而寒冷，但是當我想到我們玩得多麼開心，並且創造了人類已知最好的雞尾酒時，卻興高采烈。即使清醒過來，還是覺得它很不錯。

製作下午茶李子茶飲
Making an Afternoon Tea Prune Tease

<u>每一份茶飲</u>

◆ *25 ml* 茶湯

◇ *25 ml La Vieille Prune*

◇ *25ml* 安堤卡頂級香艾酒（*Carpano Antica Formula vermouth*）

◆茶湯
The Tea Infusion

用 ***100ml*** 沸水沖入 ***3g*** 聖約翰早餐茶和 ***1g*** 鐵觀音或金萱茶，泡 ***3*** 分鐘，泡出 ***100ml*** 的茶湯（足夠 ***4*** 份）。（由於聖約翰餐廳不再提供這些小圓麵包，所以也不再供應我們用的特調下午茶，但這樣泡出的茶是很好的替代品。）

過濾茶葉，把茶湯倒入雪克杯[8]中，然後把雪克杯放進冰桶，讓它冷卻五分鐘。

把 ***Vieille Prune*** 和香艾酒加入雪克杯。加入一些冰塊，用長柄調酒匙慢慢攪拌，直至飲料變冷。過濾。

切一小塊李子乾和一片長而薄的檸檬皮，卷在一起，再用調酒長籤固定，作為裝飾。

我還想解釋另一個英國下午的儀式，高茶（high tea）。高茶和下午茶並不一樣，至少它們以前並不是同一回事。如今這兩個名詞已經可以互換，尤其是在英國境外。我認為這可能是因為在原先的語境中誤解了「高」的意思，以為它指的是「盛大」。其實在這裡，「高」其實是與喝茶者臀部的高度有關，或者至少與他們所坐的座位有關。下午茶是在客廳而不是在餐廳喝的，它不是餐桌上的正式餐點，而是在舒適的沙發上享用的較清淡、較輕鬆的點心。而高茶則是一頓簡餐，在晚餐之前配茶食用，而且是坐在餐桌前進食。這是視情況決定的一餐，如果由於要搭火車或因戲劇表演而無法在正常的時間晚餐，那麼快速的下午餐（傳統上是鹹味的餐點，如威爾士乾酪〔Welsh rarebit〕）。這時候喝酒還為時過早，因此你用提神醒腦的茶來代替。

據我所知，高茶中的「高」這個字是源自餐桌抬高的位置，並不是像「高級」一詞中指的地位高。我想除了一九三〇年代黑白電影中的黑幫之外，沒有人真正用過這樣的詞彙。我能想像詹姆斯・卡格尼（James Cagney）說，「她是高級貴婦」，但我認為真正的公爵夫人不會用這些字，當然更不會用它們來形容她吃的東西。

8 編注：原文為 Shaker，雪克杯，通常做調酒如使用攪拌法會用攪拌杯（mixing glass），材質有玻璃或金屬製，但讀者可依手邊有的器材因地制宜即可。

無論我們爵部的位置高低，下午茶都是為了娛樂我們，也讓我們不致肚子餓。我們或許不會坐下來吃大餐，但下午四點享用一杯伯爵茶和一塊奶油餅乾總比做其他更糟的事好。一杯美味的茶總是有益的。

第十五章

日本　東京

Tokyo, Japan

處在兩個世界之間，諾瑪餐廳東京快閃店餐茶

茶唯一幫不上我的忙的時候，是在我真正因時差而筋疲力竭之時。到目前為止，它都可以暫時挽救我的身體，但最後我還是免不了會虛脫。赴中國和日本的行程往往最教我崩潰。二〇一五年，我遠行前往東京，為的是要保證諾瑪餐廳快閃店所泡的茶十全十美，儘管我拚命喝茶，依舊睡了幾乎整整一天。

我把行李扔在酒店，把在飛機上處理好的文件送出，然後立刻冒著寒冷的天氣外出，與一位日本設計師共進午餐。茶非

常好，我把它記下來。我們由攝氏五十度的水和緩泡出的玉露開始，喝了兩泡像這樣長時間沖泡的茶湯，然後再用攝氏七十度稍微熱一點，速度更快一點的方式沖泡。接著用同一撮茶葉泡第四泡，但加入新鮮的紫蘇葉。（紫蘇屬薄荷家族，在日本料理中廣泛使用。）接著我們把已經泡過的茶葉配醬油、少許味噌醬和青魽（鰤魚，yellowtail）生魚片一起吃。接下來是三種番茶，這是晚收的日本綠茶。其中一種出奇的酸，但搭配生牛肉卻很美味。

在我們的茶飲之間夾雜著少量的食物：一點點可愛的食物，以烘托茶的味道：用鯖魚搭配焙茶，這是烘焙過的日本綠茶；甜麻糬蛋糕搭配抹茶。美麗的抹茶經過精心擊拂，並以巧妙的方式呈現。為我們泡茶的女子穿著白色的實驗袍站在櫃檯後面，最上層的口袋裡放著幾枝原子筆，既沒有和服，也不用擺弄袖子。她看起來比較像科學家而不是藝妓；優雅、堅強的科學家，但具有藝妓的自制雍容。她用雕花竹勺把水由架在小火上的鑄鐵壺中移出，由一個精緻的容器倒入另一個容器中以降低溫度，以精準的動作拿起每一件物品和器具。茶葉放在散發著柔和光芒的小金屬罐裡，每個茶壺和茶杯都是手工製作，而且略不完美。她莊嚴地為我們服務，不卑不亢，有節有度。我永遠不可能那樣。我確實喜愛欣賞，但在日本茶女士旁邊，我既粗魯又笨拙。我泡茶時太有活力又太歡喜。

午餐後我回到酒店淋了浴，然後和來自倫敦的記者朋友喬．沃威克（Joe Warwick）見面，他來此報導諾瑪的故事。這家哥本哈根餐廳已經搬進東京一家旅館的臨時場地，駐留六周。它曾多次被評為世界最佳餐廳，社會大眾對它駐留此地表現出強烈的熱情，有六萬人試圖訂位。

我們先去找一家別人推薦的串燒餐廳，雖有地址，但在日本沒有門牌號碼。太陽一下山就寒冷刺骨；我們的呼吸使冰冷的空氣起了霧氣，霓虹燈變得一片模糊。我們花了很久才找到這個沒有英文招牌的地方。最後，我們坐在吧台前，嘗了一串串的雞心、軟骨、雞皮和香菇，還有盛在美麗深紫色碗裡的絲滑絹豆腐。儘管這地方簡陋，但我們喝到了好的清酒，他們似乎很高興，點頭認可。

最後我們來到一家 Hooters 酒吧，喝絕佳的日本威士忌。我無法解釋我們進去的原因，只能說我們看到了它的招牌。女服務生穿著很緊的T恤和非常短的短褲。那時你可以在東京的任何一家酒吧裡抽菸，但在街上只有指定的空間可以讓你點菸，而且不許拿著點燃的香菸步行。我想如果能抽根菸也不錯，就像我有時會愚蠢地吸菸那樣，於是我問和我們一起坐在吧台前默默噴菸的幾位男士能否給我一支菸，結果收到了幾包完整的香菸，盒蓋內側寫著他們的電話號碼。我是那個地方唯一的女客。

凌晨三點，我回到酒店，酩酊的程度簡直只能說爛醉如泥，因為日夜的歡樂而興奮，又因疲憊而顫抖。我躺在床上，感官仍然刺激不已，感覺就像我由床墊上掉進了黑暗之中，在失去意識之前，甚至來不及蓋上被子。等我聽到早上九點的鬧鐘聲，不由得一躍而起泡茶。我淋了浴，又泡了更多的茶。我穿好衣服，喝了第三壺茶。我靠在枕頭上享受煎茶，卻再度沉沉入睡。

茶沒有拯救我。下午兩點三十分，我聽到房務人員的敲門聲而睜開眼睛，手上還拿著空杯子，我剩下的時間正好只夠飛奔到諾瑪餐廳，參加下午三點的會議。

已經沒時間讓我進廚房和侍酒師一起把茶安排好。我旅行了這麼漫長的路程，就是為了這個指定的時刻。整個團隊都在全力以赴，以我從未見過（此後也再沒有見到）的專心一致。他們所追求的完美程度讓他們全神貫注。在那個周二下午三點，是我為東京諾瑪的這件華服要縫上的小小一針。他們團隊離開自己在哥本哈根的餐廳，來探索日本的食材，在這個遙遠的城市展現他們的藝術。這一切已經歷了一年多的實驗和準備。我在兩點五十五分步出電梯時，腎上腺素飆升，因為奔跑而一邊顫抖，一邊喘氣。

一旦置身茶壺之間，我的脈搏就平穩下來。我拿出溫度計，開始有條不紊地測試和品嘗。我們發現必須把水溫提高攝氏五度，因為他們所用的特殊用水原本是為了留作清酒之用，這種水對嬌嫩茶葉的反應與我們原先的預期不同。他們要供應月光茶園出產的一種手揉尼泊爾紅茶，需要較高的溫度才能帶出巧克力的前調。我們把沖泡時間增加了三十秒。我知道這聽起來似乎吹毛求疵，但它造成了深遠的影響。(而且攸關一場革命，總是會有這樣的革命。) 特別委製的手工茶壺沒有上釉，裡面有很多孔隙。我製作的特調草本茶含有一些味道強烈的英國薄荷，它們會滲透到茶壺裡。我們不得不把茶壺區分開來，保留一些茶壺只用來泡那種特調茶，以免混淆了尼泊爾茶。

最後一批午餐客人離開後，我向工作團隊簡介這種茶。趁著他們準備晚餐之際，我為諾瑪餐廳的主廚兼老闆瑞內．雷澤比泡了一壺，他還沒有嘗過這種茶。我非常高興他信任我，由我來選茶：一種在日本嶄新得教人興奮，又能愉快理解的好茶。

為了回報，他由出菜口餵我吃東西，這是做好的菜餚由廚師傳給服務生的區域。這個出菜口並沒有藏在廚房裡，而是一個由廚房通往餐廳的櫃檯。我發現自己在供應晚餐的時間站在餐廳裡，由大廚親自餵食，就在廚房的出入口。一道又一道的美食，這得要另一本書才能描述，就在兩個世界的交會之處——不僅在丹麥和日本之間，而且在廚房的忙亂酷熱和餐廳的涼爽優雅之間。瑞內和我一起站在餐廳這頭，一邊由菜盤上大喊，一邊監督擺盤的最後細節。我從沒有這麼近距離地親眼目睹指揮的專注，站在樂池裡，位於演奏者之間，感受他們樂器的振動。

第十六章

Tarrytown, New York State, USA

美國　紐約州 柏油村

茶女士的配餐魔法，試味菜單佐茶

名廚丹．巴伯頭一次邀請我去他位於紐約上州石倉的藍山餐廳（Blue Hill at Stone Barns）用餐時，他駕著曳引機載我參觀農場，向我展示一切：豬、鵝、乳牛和綿羊，遼闊的蔬菜和香草園。他鼓勵我品嘗、挑選、剪取和拔出我當晚想吃的任何東西。

奇怪，因為通常廚師想向展示給你看的，是他喜歡的東西。

回到位於農場中央的餐廳，我和工作人員攀談，把他們所用的茶葉的故事說給他們聽：它們在哪裡栽種、如何製作，以及製作它們的茶農。我們談到永續種植的技術和實踐、對人類和環境的影響，當然也談到風味。所有的廚房工作人員、前台、服務生、侍酒師、打雜的助手、廚房雜務工、訂位人員，人人都來聽。那天我大半的時間都在那裡度過，到晚餐營業時間時，我已經見過了所有參與製作我餐點的人，由土地到餐盤。

在餐廳裡，我被帶到為一個人用餐而準備的餐桌。我很困惑；我原本期待和丹共進晚餐。他請我吃飯，但我不知道那是指餵飽他的茶女士，而不是要和她共餐。我真的感到很孤單。這個餐廳是為了與親友相聚而設計的，燭光溫暖，布置了許多鮮花，把花園帶進了餐廳。我周圍的桌子逐漸填滿了笑容可掬的家族團體，他們來歡慶意義非凡的生日或紀念日，還有親密的情侶。每個人看起來都神采奕奕，容光煥發，快樂團聚。

接著食物開始上桌，我的新朋友都在我身邊：服務生、助手和侍酒師一直照顧我，在我的桌旁陪著我，美味的食物也分散了我的注意力。晚餐進行到一半，一位年輕廚師由廚房走進餐廳，拉住我的手，協助我站起身來，領我走入室外的黑夜中。天氣很冷，空中飄著小雨，陣風吹在你身上那種橫打的春雨，而我只穿著一件薄薄的洋裝。我爬上一輛牽引機的後座，我們迅速駕車離開，在泥土塊上顛簸地行進，環繞著我們的是綠意盎然的黑暗和濕土的氣息。我們停在一片菜圃上，曳引機的燈光照亮了濕漉漉的樹葉。廚師指著一塊地，敦促我去拔。我把土由植物的根部甩下來，然後我們回到了曳引機上。他把我送回餐廳，陪我走到我的餐桌旁，並把濕淋淋的青菜帶進了廚房。

我回到餐廳溫暖的光線之中，因為冷空氣和意想不到的冒險而振奮，室內歡樂的氣氛包圍著我。幾分鐘後，我摘下的蔬菜端上來了。雖然我現在連它是什麼都記不得，但我記得它就像那曳引機之行一樣美好，教人開心。

既然我不再害怕獨自用餐，就欣然接受了西班牙聖塞巴斯蒂安（San Sebastian）附近穆加里茲餐廳（Mugaritz）的邀請。他們想讓我嘗嘗他們的試味菜單（tasting menu），看看哪些茶適合搭配哪些菜餚。我很樂於在沒有同伴讓我分心的情況下從命。

我不是廚師，只是為了享受而吃，不是為了分析或了解——或者至少在那天之前是如此。隨著一盤一盤的菜端上來，我嘗試讓我曾經嘗過的每一種茶都活生生地回到我的想像之中。一下子要體會這麼多事物，我在迷惑之中喪失了一切，只剩下味覺。餐廳消失了，我周遭所有的人也一起消失了，只有我一個人對著面前的菜餚，就像一場熱烈的交談。端上來的菜餚有二十道以上，每一道都比上一道更精采。其中一道是一個盒子，裡面裝著一把用糖製作的精緻叉子，要我用它吃點綴著花朵的清淡鰻魚慕斯。當我把叉子滑入雙唇時，有一點糖掉了下來，在嘴裡溶解，讓整口都變得甘甜。我吃完這道菜時，叉尖幾乎全部融化了。等到四個小時後，我吃完這頓晚餐時，已飄飄然不知所以。

才華橫溢的廚師奧斯瓦多．奧利瓦（Oswaldo Oliva）當時在那裡擔任開發主管，他告訴我，在我到訪後，他們用我建議的茉莉銀針搭配費蘭．安德瑞亞（Ferran Adrià）的鰻魚菜色，這位傳奇的鬥牛犬餐廳（El Bulli）前主廚形容這茶「超凡入聖」。我只是隨口說說而已。

直到另一個在藍山的夜晚，我才終於能把試味菜單與茶同時配對。這回我來柏油村（Tarrytown）純是為了與丹會面，時間晚了，他敦促我「留下來用餐」。這是忙碌的周六晚上，餐廳沒有空位，但在這個溫暖晴朗的夏日傍晚，在種滿了香草的空庭院裡，木頭搭的老穀倉屋簷下，他們為我擺了一張桌子。燕子在芬芳的花園裡俯衝疾飛。為我服務的不是在餐廳裡忙碌的前台工作人員，而是廚師。

我隨身帶著我的品茶工具包，我的黃色小行李箱。當時我正準備要動一個大手術，因此不喝酒。幾位廚師源源不絕送來熱水，讓我泡茶。我邊吃邊設計自己要搭配的茶。每一道菜我都試了很多種茶，直到找到合適的一種。雖然這沒有在穆加里茲餐廳中用腦海想像茶的滋味那麼複雜，但卻同樣費心。眾多的選擇教人為難。在我的小行李箱裡有無數口味的茶葉，比無論多大的葡萄酒窖所能容納的還多得多，從白茶到多種綠茶、烏龍、紅茶、普洱、所有的香草和無限的組合。這個經驗實在精彩絕倫，教人著迷。我真的很感激能夠獨自一人體驗。但同樣地，我並不完全孤單。我必須與送下一道菜出來的每一位廚師分享這些口味。我留下一小口食物和一口我選擇的茶，讓他們品嘗我的發現。

想像一下，假如你是周六晚上高壓廚房裡的廚師，處於酷熱、明亮、嘈雜、緊張得難以想像的環境中。有短短的一分鐘，你被派去外面涼爽的黑暗裡，來到由一盞燈籠照亮的餐桌旁。在那片刻，你會品嘗到非凡的美味，然後再直奔廚房，繼續忙亂的工作。那天晚上我交到了不少真正的朋友。

大約進行到一半時，開始下雨了，雨勢雖小，卻綿綿不斷，我把餐桌往屋簷更內側靠近燕子那裡移。屋頂伸出的部分剛好為桌子遮蔽了雨水。我看著椅邊的礫石由乾燥的白色變成光滑的黑色。各種氣味變得更強烈，廚師在為我端食物來時更添涼爽。

在整個用餐過程中，我送了幾杯茶到廚房裡給丹，因為我發現有美好的味道，非得與他分享不可。他過來問我其中的一種茶，這才大驚失色地看到我坐在雨中。他請我進廚房。

我站在忙亂的圈子之外，卻又近得足以看見，在明火的熱氣中看著廚師工作。他們繼續把一道又一道的菜送來給我。最後一道是丹心血來潮為我烹製的，是一個香菇。我已經告訴他們我太飽了，吃不下甜點。在一份長長的試味菜單結束時，再吃甜食總是有點困難；可能會讓我吃不消。丹拿了一個醃好的香菇，炸過之後，放在白盤子裡遞給我。

它本身就已美味到難以想像，配上來自馬拉威亞歷的黑茶[9]，更是教人回味無窮。

9編注：原文為pu'er，普洱；普洱是如香檳一般產區限定的茶款，只有產在雲南西雙版納自治區內（近年有往北延伸至冰島等新產區）才能叫普洱，作者所稱為按照普洱製程產在馬拉威的茶，經請教審定老師意見後，將中文修改為黑茶。

第十七章

像是在雨中穿過一片森林，馬拉威黑茶

美國　加州　舊金山和索諾瑪縣

San Francisco and Sonoma County, California, USA

我喝過最好的黑茶不是和億萬富翁收藏家一起在中國的雲南（雖然那絕對是最昂貴的普洱），而是和幾個臉上掛著鼻涕，沾著草莓汁的孩子，坐在紅杉森林的泥土地上喝的。

這並不完全符合我前往加州拜訪一些極其迷人餐廳時的計畫。理查．哈特到舊金山機場來接我，帶了一保溫瓶的快速早餐茶。「你就像已經乾掉的舊茶包——親愛的，把它喝掉。」

我喝光了瓶子裡所有的茶，在我們飛

馳過橋時直接拿整條麵包啃。理查可能是世上最好的麵包師，他的麵包好到你一旦拿到手，就停不住口。如今他在哥本哈根開了自己的哈特麵包坊（Hart Bakery），但當時他在加州一家叫唐緹（Tartine）的烘焙坊工作。

理查說我太高雅了，他不配做我的朋友。他來自倫敦比較粗野的地區，認為因為我們口音不同，所以應該屬於不同類的人。不過他後來沒有計較這點，因為他喜歡喝茶，而且我說起髒話來比他還厲害。我稱他為「他媽的混蛋」時，他幾乎笑出眼淚。我的口氣是帶著情感的，重要的不是你的詞彙，而是你說話的方式。我寧願人家親切地稱我「混蛋」，也不願有人朝我吐出「白癡」這個詞。

他叫我不要把麵包全都吃光，因為我們要去我朋友蓋布里艾拉的餐廳和她見面。我忘了疲累，世上沒有多少人能比蓋布里艾拉和理查更讓我快樂。與他們任何一位共處，就像去度假一樣，他們期待並讓人表現出最好的一面，不是以幼稚的方式，而是充滿了幽默和愛。這兩位都不需要禪宗大師教他們享受生活。

蓋布里艾拉．卡瑪拉（Gabriela Camara）在舊金山的餐廳叫卡拉（Cala）。這地方很美，桌子中間放著巨大的盆栽樹木。你可以說它很花哨，但它非但不會假正經或矯揉造作，反而有它主人的輕鬆魅力，而且這裡的食物和她一樣可愛。在前台和廚房的許多工作人員都曾坐過牢，她歡迎他們加入她的餐廳家庭，給予他們所需的友情、尊重、目標和工作。雖然未必完全順利，但她說，成功的例子讓她的努力非常值得。她供應我的茶，不是因為墨西哥餐廳真的需要茶，而是因為她愛我。

我們抵達時，蓋布里艾拉正在廚房，她要我們等一下，她會過來加入我們。一位高大、優雅、美麗而溫柔的男士為我們帶位，他曾待過聖昆丁（San Quentin）州立監獄。食物開始送上來。幾個小時過去了，蓋布里艾拉一向如此，她從沒有坐下來，而是像蜂鳥一樣一直在我們的桌旁盤旋，端來一杯杯的茶讓我品評，還有龍舌蘭和梅斯卡爾酒（mescal）。

儘管舊金山有很多問題，但也有很多好人和很多美食。這個城市最好的兩家餐廳是「州鳥」（State Bird）和「進步」（The Progress），它們並排而立，由夫妻檔史都華．布里歐薩（Stuart Brioza）和妮蔻．卡拉辛斯基（Nicole Krasinski）經營，他們倆都是廚師。我頭一次拜訪他們，要鼓動他們對茶的熱情時，就住在離他們餐廳不遠的一家民宿。我告訴他們民宿的早餐很糟糕，他們就邀請我次日早上去他們家吃早餐。我才剛認識他們而已。他們整晚都在烹飪，卻依然親切地要為我做早餐。

拜訪了卡拉餐廳之後，理查和我驅車前往他所住位於舊金山北部索諾瑪縣的農場。

我下車時，他的長子博迪送了一罐野花果醬給我。

他的四個小男孩想查看我的黃色小行李箱裡裝了什麼東西。他們只知道我是茶女士，他們想看我的茶，也想要嘗嘗看。我慎重其事地對待他們，拿出我的蓋碗茶具，好像他們就是我想要打動的廚師一樣。我們站在他們廚房的中島旁，就像我第二天在米其林三星餐廳梅德塢（Meadowood）所做的那樣。他們圍著我的茶壺，踮起腳尖，伸長脖子湊近看裡面是什麼。我為他們泡了清淡的綠茶和絲滑的紅茶，他們靜靜地啜飲，用嚴肅的表情和圓圓的眼睛看著我。我不得不再出新招，為他們泡了非常稀有的馬拉威黑茶，並且告訴他們它的味道像森林。他們若有所思。

「你怎麼知道？」

「我並不是真正知道——這是它讓我想到的。」

「但想並不是一種味道。」

第二天我在梅德塢試了同樣的說法，廚師們哈哈大笑，同意我的描述。可是理查的孩子們不服氣，他們很難纏，他們要證據。

普洱之所以如此特別，因為它是發酵茶[10]。不是像釀造啤酒或葡萄酒那種濕式發酵，而是緩慢、乾燥的發酵。在中國，最著名的黑茶產自雲南省，被稱為「普洱」。（而我們稱之為 black tea 的茶，則是紅茶。）茶被壓成扁平的圓盤或餅狀，上面印上製造商的商標，然後用紙包起來，放在陰涼的環境貯存成熟。

它的味道非比尋常。想像你在雨中穿過一片森林，你可以聞到腳下濕潤的青草和柔軟的泥土。你來到一片空地，有一間木瓦片屋頂的小木屋，雨水由屋頂流進一個木桶，你走到木桶前，撥掉水面上的幾片落葉，弓起手掌掬水而飲。普洱就像那種甘甜柔潤的雨水，帶有濕漉漉草皮和水淋淋樹葉的氣味。

並非所有的普洱茶都那麼細膩。有些像喝到一口泥炭土一樣，帶著濃重的土味。它們的價值隨著年齡而增加，隨著歲月變得更深刻。在文化大革命之前非常陳年的普洱茶由於稀有和相關的歷史淵源，交易的金額可能教人咋舌，就如陳年香檳一樣。一瓶老香檳可能價值不斐，可是一開瓶就教人大失所望，它可能變質或壞掉了。它的價值不是由瓶內液體的品質來決定，而是由瓶子的年齡。普洱有時也是如此。完好無損包在原始包裝中的陳年茶餅較常被交易或珍藏，而非飲用。一旦打開了，它就喪失了價值，也未必能泡出最美味的茶，儘管它的價格高昂。

如果你是初嘗這種茶，我會由所謂的普洱「熟茶」開始。這表示它首先要經過四十五天的「渥堆」，再讓它後發酵。這可以使茶滑潤和美味，一如年齡久得多百分之百後發酵的「生茶」，而且價格容易負擔得多，但卻常受正統派的鄙夷。

我們在理查的廚房品嘗過茶後的那個下午，他們全家和我一起出發去紅杉森林，帶了一籃非常成熟、非常甜的加州草莓。我們在巨大的古老紅杉下漫步，它們叢生在一起，形成巨大的圓圈，像老朋友一樣。我知道這話聽起來太自作多情，但它們有一種和善的氣質。我有種感覺，樹木大體上都是高度敏感而且聰慧，只是以我們無法完全理解的另一種方式。這些善良的老傢伙讓透過樹冠滲透下來的陽光變得柔和，灑下溫暖而芬芳的空氣。在一塊空地上，我拿出了我的蓋碗和像頂針一樣的小杯子。理查除了抱著嬰兒之外，還帶來一大瓶熱水。我為我們大家都泡了茶。

於是，我們就在那裡品嘗來自馬拉威夏爾高地茶農亞歷山大的黑茶，而這茶就像我描述的那種味道。這茶嘗起來像一座森林，就算不完全是那座森林，至少也有森林的感受。感覺也不是味道，我知道，但嘗嘗看吧。就連六個月大的嬰兒也喝了一口。這是我畢生最美好的喝茶時光之一。

10編注：普洱茶以製程區分為曬青與渥堆兩種，前者是曬青之後直接壓餅的普洱，跟加上渥堆工法的普洱兩種是不同的製茶方式，風味也有所差異。此二者都算是會經過後發酵的普洱茶，只是生茶（前者）需要經過長時間的陳化，如未經陳放，就不一定經過後發酵。

製作普洱茶與黑茶

Making Pu'er Tea

我喜歡高茶水比的普洱與黑茶，每 *150 ml* 用 *3* 至 *4g*。用加熱至 *90* 或 *95° C* 的水，泡 *60* 至 *90* 秒。

繼續浸泡茶葉，直到黑巧克力味出現：等味道達到最巔峰，直到茶葉不再有味道。

第十八章

印度　梅加拉亞邦

Meghalaya, India

來自雲之居所的芬芳花香，雲茶

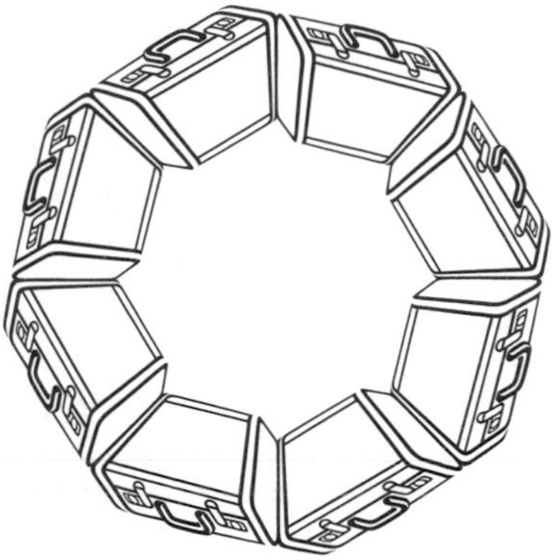

森林對茶很重要；它們保護土壤免受侵蝕和洪水之害，也促進生物多樣性，為動植物提供必要的棲息地。我最喜歡的茶之一來自印度東北部梅加拉亞邦（Meghalaya）的森林地區。Meghalaya 在梵文中是「雲之居所」之意，因此我稱它產的茶為「雲茶」（Cloud Tea）。

這個地區比較不出名，我並不是透過勤奮的探索或艱苦的旅行而找到去那裡的路；正好相反，我是在倫敦的辦公室被一對在那裡有個稱作雷克休（Lakyrsiew）的小農場的夫婦找到的。他們打電話給我，帶我去看他們的茶。娜妍（Nayan）來自位於大吉嶺和阿薩姆之間這個小邦的首府西隆（Shillong）。在我拜訪過真正令人驚嘆的茶園中，她的茶園之美首屈一指。

與世界大部分地區不同的是，梅加拉亞邦的人一向都奉行母系制度，門第世系和繼承都跟隨女性；么女繼承全家的財富，也由她負責照顧父母。雷克休的土地傳給了娜妍，她和另一半——曾任路透記者的荷蘭人赫特（Geert），一起創造了一個對品質不妥協的茶園。他們聽從建議，投資一個品種的茶葉，第一批收穫並沒有如他們所期盼的美好風味，所以他們重新種植，等待多年，讓茶樹成熟。他們在農場之外還有一個使命：建立梅加拉亞茶的聲譽，讓更廣泛的社區受益，並把這個地區確立為舉世名列前茅的茶葉產區。

我清楚地記得有一年與雷克休的印度籍農場經理鮑勃一起品茗，他把最新收穫的樣品放在鋪著淡藍色渦旋花紋布的小木桌上時多麼自豪。在我大大稱讚這種茶時，他咧嘴而笑，露出門牙縫。這種高山茶散發著濃郁的芬芳花香。由於精心製作，葉片保持完整，因此它們保留了印度紅茶中非常罕有的精緻。這耗費了幾十年難以想見的耐心，以及堅持不懈、永不妥協的鋼鐵意志。輕聲細語，舉止溫柔的娜妍生產了印度最精緻的一些紅茶。

我用這種雲茶為吉姆・貝佛里奇博士（Dr. Jim Beveridge）製作了一種調和茶，取的是它的焦糖味，就像焦糖布丁的頂部。貝佛里奇（Beveridge 和英文飲料 beverage 諧音）對飲料界的人來說實在是絕配的好名字，他是約翰走路威士忌的首席調酒師。這些年來，我已經了解吉姆天資聰明、深思熟慮、慎重而有分寸。在我可能會像傻瓜一樣犯錯的地方，他會退一步考量。這本身就是很好的教訓。我有機會在我的倫敦品茗室裡與吉姆一起度過我茶葉生涯中最美好的一段日子，我們要找出方法，融合茶和威士忌的風味。位於蘇格蘭基爾馬諾克的強尼・沃克家族是首批把注意力轉向調和威士忌的茶商之一，這使這個故事更加精彩圓滿。我有幸與世上一些偉大的廚師、調香師、釀酒師和雞尾酒大師一起工作，但吉姆確實幫助我對味道的理解更上一層樓。威士忌比茶烈得多，但他設法使細膩的風味在酒精的咆哮之上放聲高歌。

我們面臨的挑戰是，在豐盛的晚餐後，如何引入他最精心調和的佳釀。吉姆給我安排的任務是在佳餚結束後，該怎麼由布丁轉換為威士忌，讓疲憊的味覺準備迎接他最奢華的醇酒——約翰走路藍牌威士忌。我混合了幾種紅茶，作為在盛宴結束時的熱飲。在隨餐免不了要喝的葡萄美酒之後，熱茶設計來產生一種新的感覺，它有助於清洗味覺，讓它有點意外，讓它為新味道做好準備。我不能確切地告訴你這種茶飲的成分，以免損害我的努力，喪失財務方面的酬報，但我可以告訴你，在吉姆的幫助下，我試著在這杯茶中融入威士忌中的每一個味階。我以不同的和音納入和威士忌相同的味階，以柔和安靜的聲音傳遞。它輕輕地帶領你，用指尖引導你，低身屈膝行禮，然後把你送進那位英俊蘇格蘭男士強壯的臂彎裡。

如果不用這種調和茶，而要搭配好的單一麥芽威士忌，我會直接送上一杯雲茶。你會想要那種帶著甘甜麥芽味和淡淡苦味的高調花香讓威士忌真正放聲歌唱。一般人常用正山小種紅茶搭配威士忌，乍看之下，它們似乎是幸福的伴侶，尤其與艾拉威士忌（the Islay，蘇格蘭威士忌產地艾拉島）和它們油膩煙熏的泥炭味相得益彰。但有時它需要相反的味道來烘托和期待，就像蘇格蘭高地光禿禿的山丘和島嶼，盡是石南花的紫與灰；和梅加拉亞鬱鬱蔥蔥的青翠光彩。

雷克休的茶園位於高山上，攀爬起來教人頭暈目眩，而且很滑，穿過茶樹之間的小路長滿了花草。我和採茶姑娘一起走過茶園，她們拉住我的手攀爬比較陡峭的地方。她們穿著艷麗的紗麗和夾腳拖上上下下，而我穿著長褲和健走靴跌跌撞撞。我帶著相機；她們則背著沉重的籃子，用繞著額頭的寬帶子支撐。我把褲腳塞進靴子裡保護自己，免得遭水蛭和蛇叮咬，它們是用更厲害的材料做的。

在下午辛勤採摘的平靜工作中，隨著一名婦女的喊叫，吱吱喳喳的閒聊聲戛然而止。她立定不動，伸出一隻手臂向前指，維持靜止的姿勢，直到她確定所有的採茶人都注意到了。我問那是什麼：一個虎頭蜂窩。

在寬闊的樹木遮蔽之下，茶樹叢在午後的陽光中閃爍出斑駁的綠。唯一的聲音來自鳥兒，而除了採茶姑娘穩步前進之外，唯一的動靜來自不斷變化的光線。當你走過茶園時，很容易想像你進入了迷人的大地。但採茶是艱苦的勞力工作，在動人的表面下潛伏著危險。那些姑娘——所有種植和採茶的男女，他們的技巧、勞動和力量值得我們尊重。

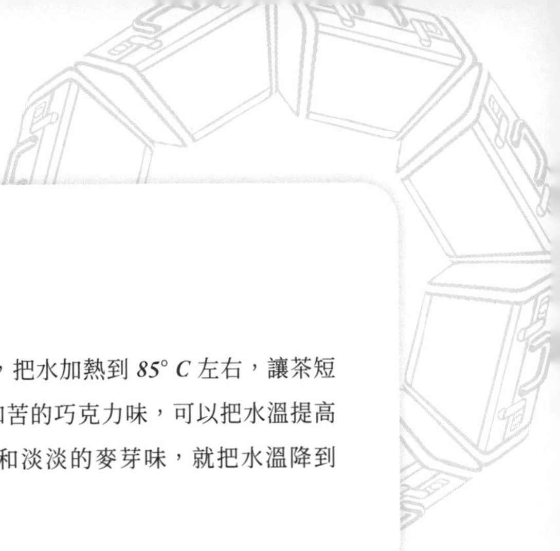

泡製雲茶
Infusing Cloud Tea

每 *150 ml* 的杯子我用 *2.5 g* 的茶葉，把水加熱到 *85° C* 左右，讓茶短短地泡 *90* 秒。如果你想帶出焦糖和苦的巧克力味，可以把水溫提高到 *90° C*。如果要泡出最甜的焦糖和淡淡的麥芽味，就把水溫降到 *80° C*。

第十九章

中國　武夷山

The Wuyi Shan, China

原始森林裡的隱密茶園，大紅袍與正山小種

細長的枝幹朝四面八方伸展，深綠的葉片宛如冬青。茶樹零零星星地生長在整片山坡上，瘋長的野草和乏人照顧的茶樹摻雜交織。看不到悉心採摘排列整齊的茶樹梯田，只有散亂分布半野生的茶樹。這出乎我的意料。我等了十多年才找到通往這些茶園的路，它們隱藏在武夷山深處人跡罕至的自然保護區。如今我終於來到此地，卻不明白自己所看到的景象。

我來這裡是為了追尋世上最珍貴的紅茶，讓我在比特島的祖先印象深刻的

Bohea 茶[11]，但這看起來似乎沒什麼出奇之處。

Bohea 意思是「武夷山的茶」。我已多次拜訪這個地方，它位於福建北部，靠近江西省邊界。中國有些最著名的茶就是在武夷山區盛產，這裡被聯合國教科文組織列為世界遺產，其中大部分的茶樹排列整齊，欣欣向榮。這裡也是大紅袍武夷茶的產地。在火山岩上富含礦物質的土壤滋養下，茶樹生出的茶葉味道非凡。大紅袍的氧化時間比它在安溪的姐妹鐵觀音（在羅馬火車旅行時喝的茶）要長，因此整體顏色較深。它帶著餅乾和堅果味，繞舌滑順，散發出可口的水果味巧克力香氣。

最好的大紅袍滋味美妙，倍受追捧，身價不菲。先前我曾拜訪過一位製茶大師（就在受保護的緩衝區外），他和我一起坐在由大樹樹幹砍切製作的巨大拋光木桌前，桌子的邊緣還有樹皮紋理。他像王座一樣大的木椅放在一頭，我的矮凳放在另一頭。我們倆一起品茶，而打赤膊的男子則在酷熱中勞動。他們用麻布包裹茶葉，裝進編織結實的籃子裡。籃子埋進布滿灰色灰燼的混凝土坑，下方是燃燒的炭火。茶在柔軟的灰燼床上慢慢烘焙，他們則在一旁打牌，香菸一根接著一根地抽。製茶大師解釋說，因為沒有路，所以他大部分的茶穫都沒辦法運出來，得靠這些男人用籃筐背在背上，由茶園長途跋涉送來。

在茶樹下方，九曲溪蜿蜒穿過陡峭的峽谷，遊客喜歡在這裡泛舟。導遊用長竿撐著竹筏，他們戴著寬邊帽、手套和圍巾保護皮膚，避免受到藍綠色溪水反射強烈陽光的傷害。順流而下穿過高聳的石柱，就像乘坐黃色計程車穿越曼哈頓中城的寧靜版本。在這古老的水道上看到撐筏的女艄公手上戴著桃紅色的清潔手套，感覺很奇特。中國遊客的T恤上印著不太正確的英文字，我最喜歡的一句是「I'm Not Perfoct」。

在我往訪的這些年，原本主要由共黨官員光顧的乏味國營酒店已經讓位給度假村，滿足國內方興未艾的旅遊業。迅速崛起的中產階級渴望欣賞自己的國家，一如期待參觀西洋的購物中心一樣。大理石和鍍金打造的拉斯維加斯風格宮殿式酒店如雨後春筍般林立，但這個地區幾乎沒有人滿為患的風險。在指定的武夷山風景名勝區之類的觀光區，及周邊原生態茶園之外，有五百六十五平方公里的自然保護區，幾乎杳無人煙。

幾座世上尚存最大的亞熱帶雨林地區就坐落在那裡，受群山保護，位於自冰河時代以來一直存在的獨特生態系統中。這些森林的種類由針葉的松樹到闊葉樹和竹子，四百多種鳥類以這裡為家。這個地區生物多樣性豐富，自從毛澤東把外國科學家趕出中國後，大部分都沒有被西方探索過。軍方仍然控制此地的出入，到這裡參觀並非易事。

我在保護區邊緣的緩衝區，那裡允許的人類活動非常有限。仍然還保留一些小村

11編注：此處的 Bohea 茶應與現代認知的武夷茶作區隔。Bohea 一字的確源於福建武夷山之閩語發音，最早指該地生產的高級紅茶，但隨著茶葉貿易史的推進，商人以劣質茶葉魚目混珠，Bohea 也漸漸成為品質最低的茶葉之代稱，今日則已無人再使用此一單字。而今日的武夷岩茶，如大紅袍，則為青茶／烏龍茶類；武夷亦產紅茶，即下文提及的正山小種。

落，容許幾個世代都沉浸在製茶手藝的古老家族種茶和製茶。要通過檢查哨，必須經由這些家庭邀請才行。此時我在茶界已經建立了信譽，這些年來也結交了很多好友，因此終於在二〇一七年透過他們的協助，獲得參觀的機會。經歷了幾小時的長途車程，沿著一條蜿蜒的河流穿過四面八方茂密的森林，曲曲折折，越行越深，最後總算抵達古老茶田中一個非常小的村莊。

看到茶園多麼接近回歸原始森林的狀態，教我十分震驚，但我逐漸明白了它的意義。這裡不允許採茶人進入，不能種植新的茶樹，只有極少數家庭獲准製茶，為的是尊重古老的傳統，並製作世上最寶貴的茶葉。

最好的正山小種茶就是在此用松木熏製武夷茶製成的。正是在祕密森林深處精製而成的這種茶，才產生出想像力所及最飄逸空靈的味道。它不像強烈的泥煤威士忌那樣有濃重的煙味，比較像雲頂十八年（Springbank），而非拉佛格（Laphroaig，與雲頂都是單一麥芽威士忌）。茶葉本身保持完整而不破碎；輕柔的製作帶出細膩的甘甜和最深沉的美味。這蜂蜜色澤的液體在你的舌尖滾動時，會湧現你尋覓的多種風味，煙味只是其中之一。

煙熏在古老的兩層樓木屋[12]中進行，這些房子因年代久遠和數世紀的煙霧繚繞，已經被熏得發黑。一樓四周是有遮蔭的寬闊陽台，上面整整齊齊疊放著一堆堆金黃色的木材，樹皮已經剝除。許多樹脂狀的油脂隨著樹皮被帶走，使得氣味更加淡雅。不是任何木材都可用來熏製，只有一些珍貴的松樹還獲准可由受保護的森林中砍伐，它們散發出獨特的香氣。木頭在樓房下層燃燒，而準備要製成紅茶的茶葉則放在構成上層樓房的骨架上。

要製作所謂的煙正山小種（Tarry Lapsang），也就是味道較濃烈的正山小種茶，在熏製時就留下松樹的樹皮，以求更強烈的樹脂味，煙熏的時間也更長，才能加重風味。這類正山茶在海外比在中國境內更受歡迎。我們西方人習慣口味更大膽的紅茶，而且由於茶裡會添加牛奶，因此需要更濃郁的茶味。煙正山小種用的是較碎等級的茶葉，而不是最好的手工茶葉，這並不表示它的味道不好，而是說它必然更強烈，就像你知道性情強悍會在婚禮上打架的摯愛堂兄一樣。

用不同的木材煙熏會產生不同的味道。如果正山小種聞起來有教堂馨香的氣味，那通常表示它在製作過程中用了一系列各種樹木。如今有些類似的茶是用油和調味香料來製作。武夷山的松木就像它的茶葉一樣稀有。

在村子裡，一位駝背的老太太坐在自家門前的凳子上，正在整理托盤上的小葉芽。

12編注：茶人俗稱為「青樓」。

製茶大師溫先生輕聲向她說話，然後高興地對我點了點頭。我和溫家人一起午餐——十幾道青菜，最後是一碗熱氣騰騰的米飯，之後我們回到老婦人身邊，由她那裡取來茶葉。溫先生的兒子在溫家外大街的木支架上架起了一個編織的大碗，然後把茶葉輕輕倒了進去。溫先生開始輕柔地按摩著小小的綠芽。他正在我面前製作世界上最珍貴稀有的茶葉：一種完全用細小春芽所製的紅茶。

這些芽比我的小指甲長不了多少，既不像用來製作白毫銀尖的品種那樣大，也不飽滿。他需要上萬個芽尖才能製出一公斤茶葉成品。這些准許留在自然保護區內的小茶園每年只能生產寶貴的幾公斤茶葉。溫先生是這個等級茶葉僅有的三位揉捻師傅之一。這是金駿眉，它的葉子經過仔細發酵乾燥後變成金色，意思是「美麗的金眉」。

在溫先生展示了揉捻技巧之後，我們進入他的房子，它比其他的房屋都更現代，也豪華得多，反映出他的地位。他泡了茶。我從來沒有喝過比這更濃郁、更豐富、更迷人的紅茶，有春芽的甘甜，充滿了整個冬天儲存的天然糖分，但也有麥芽味的深濃，帶有隱約的茶多酚，以及奇異果和燈籠果的酸味。在鮮明的香味後面隱藏著深重的焦糖味，這是藏在優雅外表後面的強烈個性。多次的沖泡呈現了一層又一層的風味。

在這之後，我們喝正山小種——從頭到尾都一樣美味；價格便宜得多。我放在行李箱裡帶回家的金駿眉花了我數千英鎊，我非常幸運能有機會買到它。

沖泡金駿眉和正山小種
Making Jin Jun Mei and Lapsang Souchong

這兩種茶，溫先生都用 *95° C* 的水和非常快速的沖泡法。他把 *3g* 茶葉倒入只有 *60 ml* 水的蓋碗中，沖泡約 *10* 秒。我們喝了十泡金駿眉；第三至第七泡最美味。

至於煙正山小種，如果你要加牛奶，就可以用沸水，沖泡時間加長，但我喜歡什麼都不加，所以用 *2.5 g* 茶葉，加入 *150 ml* 加熱至 *85° C* 的水，沖泡約 *60* 秒。

第二十章

法國　巴黎

Paris, France

化懷疑爲愉悅，超酷的魚子醬佐茶

既然正好談起極其昂貴的東西，我也要談談有幸大啖魚子醬的經驗。我頭一次在巴黎向一屋子著名的法國大廚示範茶和魚子醬的搭配時，把他們搞得暈頭轉向。

在倫敦多徹斯特酒店（Dorchester Hotel）所舉辦名廚阿蘭·杜卡斯（Alain Ducasse）同名餐廳十周年慶的活動中，我結識了魚子醬達人大衛。餐飲界的大人物齊聚一堂，還加上身為茶葉供應商的我，我非常感謝獲得邀請，並且緊張地狂飲香檳。人們像椋鳥一樣蜂擁而來，聚在房間內的各個食物站。那裡有生蠔，這裡有魚子醬。我曾在試味菜單上嘗過偶爾點綴在美味佳餚上的珍貴魚子，但卻一直沒機會單獨品嘗這個好東西。魚子被小心翼翼地由巨大的罐子裡舀到小塊的干貝上。在香檳的鼓舞下，我問能不能單獨嘗試一小勺魚子醬。

大衛和我聊了起來，我們談到他在巴黎的魚子醬供應公司卡維亞芮（Kaviari），和珍稀茶公司。致力於永續農業的我告訴他我很關切魚子醬的生產，同時卻又再吞下另一大匙魚子醬。大衛答道，野生鱘魚確實所剩無幾，而且已經禁止捕撈。但他解釋說，現在的魚子醬是養殖生產，最好的魚子醬是在生存條件和地區最接近鱘魚自然棲地生產。魚和所有我們吃的魚一樣宰殺，但整條魚都作為食用，而不僅僅是魚子。

我提到我做過一些用茶搭配生蠔和海膽的工作。我一邊品嘗魚子醬，一邊告訴他說，我想我可以把魚子醬和茶搭配得更好，並且答應第二天早上在他返回法國前搭配給他看。我不得不趕緊跑回辦公室，在半醉半醒之間仔細稱重和計量茶葉，讓茶冷泡過夜。

第二天一大早他就出現了，沒帶魚子醬，所以我的夢幻早餐報銷了。但他喜歡我泡的茶，並邀我到巴黎試試用茶搭配魚子醬。幾周後，我帶著裝滿茶葉的黃色小行李箱抵達巴黎。我們圍著一個巨大的冰盤而坐，盤子上擺著十個打開的罐頭，世界五個地區五種不同的鱘魚品種各兩罐，分屬短和長兩種熟成時間。它們味道的變化非常迷人，不僅僅只是在不同的品種，也根據魚子在鹽中熟成時間的長短。我深入研究我的課題。

大坨魚子醬被用匙舀到我的手背上，我再由手背把魚子吸進嘴裡。魚子由盛放它們的冰床上被舀起，因皮膚的溫度而稍微變暖，加深了風味。一旦開了罐，就必須全部吃完，這一點也不難。我停不下來，手背因為沾滿了我的鹹吻而滑溜。我不斷地嘗試不同的茶，最柔滑的質地和最柔軟的甘甜陪襯鹹的魚子；各種茶的美味和風格提升而非壓抑了魚子。在白鱘魚（Transmontanus）的魚子醬體會出秋葉和濕潤森林的氣味，為它配上雲南普洱的熱茶，是純粹愉悅的時刻。西伯利亞的貝禮鱘（Baeri）魚子醬，我們用來自印度喜馬拉雅夏摘（second flush）的錫金高山茶搭配，初成的魚子醬用冷泡茶，熟成的則用熱茶。

我可以一直繼續下去，而我們也確實如此。

我再次去巴黎，是要向大衛最好的一些客戶展示我們已經決定的配對。這些人是熱愛並採用大衛魚子醬的主廚，但除了香檳和伏特加之外，他們從沒有嘗過用它搭配其他東西。在俄羅斯，魚子醬傳統上是佐以冰鎮伏特加，但可能會因冰凍的燒灼感（在發明冷藏前的時日裡更需要）而使味蕾失靈。香檳當然很美味，但它總是酸的，總是含有酒精，而且總是很多泡泡。如果你想要絲柔、光滑、具有無限風味可能，而且不含酒精的飲料該怎麼辦？

廚師圍坐在長桌前，不信任地看著我。有一位把椅子向後傾斜，兩臂交叉在他的胸前，拒絕我為清潔味覺而準備的第一杯茶。他來此是為了餐茶搭配，但卻拒絕了我的茶。我開始用英語說話，解釋我們這麼做背後的想法，他搖搖頭。

「Non。」（法文，不）

大衛不得不翻譯，這澆了我一盆冷水。我別無選擇，只能享受魚子醬，讓茶為我發聲。來自我們倫敦團隊的凱西熟練地泡茶，讓我無事可做，只能微笑點頭。大衛是我的鬥士，他對茶的歌誦讚美遠比我能做的更有說服力，當然他是用法語，而且出於他之口，當然也比較客氣。等我們端上普洱時，他們開始變得比較親切。我們送上冷泡的白毫銀尖時，我聽到那個雙手抱胸的傢伙短短地倒抽了一口氣。當場絕對有一兩個「喔啦啦（Oh là là，法國人表示驚嘆的口頭禪）！」。到最後我們得到的評語是「超酷」。

嗯，「超酷」，確實。廚師不太會誇張地稱讚，他們由懷疑變成愉悅，愉悅是個人的體驗，他們全都或多或少地欣賞不同的配對，但好就是好，我們不必爭論，也不必說同樣的語言，只要品嘗。

第二十一章

茶女士的生日派對，泰米茶園

印度 錫金

Sikkim, India

有時我們會沉迷於我們習慣的事物，我們堅持熟悉的東西，或許是出於感情用事，但也是因為經驗。

我知道我喜歡香檳配魚子醬，但這並不表示茶配魚子醬的味道就不好。我知道我喜愛大吉嶺茶，但二〇一七年發生大罷工，使大吉嶺陷入停頓。沒有人採摘，沒有人加工。沒有茶葉可以沿著蜿蜒穿越喜馬拉雅山脈的險峻道路運送，在一串串飄揚的黯淡經幡保護下繞過寸步難行的陡坡。山區的廓爾喀人（Gorkha）想要脫離印度西孟加拉邦獨立，迄今依然。工資太低、工作機會太少、長久以來缺乏基礎設施的投資，播下了渴求改變的欲望種子。

第一批春摘茶被困在山裡，無法離開。接著是第二批。什麼都動不了。

我打電話給拉賈。我們應該怎麼辦？來錫金吧，他說。

拉賈是印度最著名的有機茶農：斯瓦拉吉·庫瑪·巴內吉（Swaraj Kumar Banerjee）的暱稱。他的家族在自家的馬凱巴利莊園（Makaibari Estate）開創了大吉嶺的第一家茶葉工廠。他在一九八〇年代放棄了牛津的法律學位，決定要讓莊園有機化，後來這成為印度第一個有機茶園。當時大家認為他瘋了，現在依舊有許多人認為如此，但另有許多人跟隨他大膽無畏的活力和熱忱的領導。我這麼說並不是開玩笑，拉賈雖然年逾七十，但精神卻一如少年。

二〇一八年春，在我生日的前一天，我在巴格多格拉（Bagdogra）下了由倫敦（經杜拜和德里）飛來的飛機，在那裡和朋友——特立獨行的超人拉賈見面。他載著我穿過這喜馬拉雅城市炎熱的混亂，一路向北再向北，直到錫金，這個位於印度偏遠東北部，與西孟加拉邦、西藏、不丹和尼泊爾接壤的邦。

一年前，一場大火燒毀了拉賈在大吉嶺的家，以及幾個世代的記憶。他已經出售一部分的馬凱巴利莊園給一個原本他希望將來能注資的大茶葉集團，但卻因為發現他們短視的態度而越來越灰心，他們似乎更關心快速獲利，而非為土地和社區建立永續的未來。大火之後，他不再有任何牽掛，所以他離開了，把剩餘的股分交給社區本身。

拉賈是虔誠的印度教徒，但他真正的宗教是有機農業，而且他不必走太遠就找到了一個新的禮拜場所。鄰邦錫金在他的鼓勵下宣布百分之百有機。還有誰能協助他們生產和西孟加拉邦鄰居相媲美的茶？大吉嶺地區只有八十六家農場可以用這個地名來稱呼他們的茶葉，就像只有香檳產的葡萄酒才能使用這個地名一樣。但在錫金的泰米茶園（Temi Estate），我相信拉賈已經走得更遠，協助製作出比大吉嶺更好的茶。我敢肯定，這和人有關。不僅是拉賈，還有萊普查人（Lepcha），最友善、最溫馨、最熱情的茶葉社區，正如我在第二天晚上即將發現的那樣。

我們在黑暗中抵達，被直接帶進製茶廠，穿過萎凋室往上走。在深槽中的細網床上，熱空氣在下方輕輕地循環，當天採下的綠茶葉收穫平放在上——放鬆，變得更柔軟適合揉捻，喪失了它們所含的一些水分。這味道美好宛若天堂。如果真有天堂，但它聞起來不像萎凋室，那就太遺憾了。上面的一層樓有幾間簡單的房間和一間廚房，裡面有個名字像彩虹一樣的男子為我們做了一頓簡單但美味的晚餐。拉賈開了我為他帶來的威士忌，喝了一小杯讓人平靜的酒之後，我很快就沉沉入睡。

我被拉賈催促我到陽台上的叫喊聲吵醒，那是清晨五點，我把羊毛披肩裹在身上，然後開門，腦子還恍恍惚惚，努力想要記起我在哪裡。在那晨曦之中，世界第三高峰干城章嘉峰（Kangchenjunga）在地平線上現身。這景象難得一見，因為這山峰十分遙遠，而且只有在完全晴朗的天候下，它才會進入視野。拉賈喜歡有點深奧的神祕主義，他告訴我干城章嘉峰守護著五件隱藏的寶藏，有朝一日，它將為了拯救人類而揭示這些寶藏。它在地平線上徘徊，萬里無雲的穹蒼下盡是耀眼的白色山峰和藍色的陰影。拉賈說這是喜馬拉雅山送我的生日禮物。

才剛黎明，我們有時間可以坐下來喝茶，細心觀賞它。茶葉是前一天採摘的，嘗起來就像桃紅和粉紅色的杜鵑花一樣明亮。茶田在我們腳下延伸，高大玉蘭樹的綠色梯田向山腰下綿延流去。

我在茶樹裡穿梭了一整天，讓自己熟悉土地，茶樹，品嘗新葉，嗅聞空氣，讚嘆野花。色彩豐富的村莊散落在梯田之間，我漫步其間。這些房子用盆花、蘭花和杜鵑花裝飾，映著漆成藍、粉紅和黃色的木牆。雞和山羊與混在牠們群中的幼崽注視著我走過。如果遇見送新鮮茶葉來的採茶人，我們雙方就會微笑鞠躬，手掌併攏，手指朝上擺在心臟的高度，說「Namaste」。

他們之中會說英語的人停下來問我在做什麼，並聊起美好的春天。我提到那天是我的生日，他們緊緊握住我的雙手，一起祝福我。

那天晚上，拉賈準備了一個蛋糕，上面插著「漢麗耶塔的喜馬拉雅劫掠」冰雕。主要幾位製茶師傅喝了一些氣泡酒，戶外則下起大雨。這群人露出悲哀的神色。我問他們怎麼回事，他們只是難過地搖搖頭，靜靜地啜飲著甜葡萄酒，情緒低落，我想要來一杯威士忌，希望拉賈會給我一點。

突然一個叫莫尼的人衝了進來，說沒事了，雨已經停了，我們得過去，跳舞的女郎已經準備好了。這一定是個玩笑，我跟著他們上了吉普車，駛入黑暗，深入茶園，車燈只能穿透幾呎深，探入這厚重如天鵝絨般的黑暗。前方冒出一絲微光，原來在茶樹梯田之間的一塊小空地升了營火，周圍有四五個人正在暖手。

我們下了車，圍在火堆旁。夜晚很涼，但還沒有到火無法讓我們取暖那麼冷。多麼美好的時光，能夠活著，在這片新的茶葉土地圍著火，與舊雨新知同處。我們的臉在火光下泛著紅暈。更多的面孔出現了：一個母親和躲在她裙子後面的兩個幼兒，一群年輕女孩，一位老人。越來越多，直到六十多人。我認出白天在茶園漫步時見過的面孔，大家認出彼此，互相點頭問候。

跳舞的女孩可能十二歲，穿著傳統服飾。其中有些人穿著白衣，打扮成男孩，鼻子下和下巴上都沾著煤煙的污跡。其他人則穿著活力四射的紅色，戴著金屬絲項鍊，頭髮用緞帶編成辮子。莫尼用吉普車上的錄音機播放他們的音樂，他們邊跳邊笑，人人都拍手加入。

新的幾群舞者出現了，他們都穿著最好的衣服。群眾更響亮地拍手，看著他們在火紅的火光中跳舞。小米啤酒裝在一個竹杯裡傳來傳去，它是用小米發酵成糊狀，然後把沸水倒在上面，用金屬吸管就可以喝了。杯子再度裝滿，再次被人們四處傳遞時，就像南美洲的瑪黛葫蘆（maté）一樣。孩子們和我說話最不害羞，他們告訴我他們的夢想。一個小女孩說要作太空人。我想起我在馬拉威塞特瓦莊園問過的小女孩，她們不知道什麼是太空人。

隨著火燄慢慢變小，響起了「生日快樂」的大合唱。每一個人，甚至連最幼小的兒童，都過來握住我的手，祝我幸福。我從未經歷過陌生人如此熱烈的善意。當拉賈和我驅車離開時，每個人都揮手歡笑。我無法告訴你那晚我有多開心。光是邊寫邊回想起來，我依然能感覺到在那寒冷、芬芳的黑暗中，映在我臉上的熱火以及人群的溫暖。

第二十二章

挪威北極區　諾斯克特
Nordskot, Arctic Norway

用最精緻的白茶襯出海味，白牡丹茶佐海膽

一個奇妙的狂人引領我邂逅另一個狂人。我在丹麥舉行的國際廚師研討會MAD（丹麥語「食物」之意）認識了漁夫羅迪．史隆（Roddy Sloan）。我們坐在巨大的紅白條紋馬戲團帳篷裡，聆聽精心準備的知名演講人為我們講課，接著這個邋遢的蘇格蘭人上了台，他把鹹的冰塊發給我們所有的人，要我們把它們貼在唇邊，時間越長越好。然後他告訴我們他如何在隆冬時分潛入北極水域捕撈貝類。我們的嘴唇變得腫脹麻木，同時聽他輕聲細

語地敘述他危險的工作，不時穿插放肆的揶揄。我們就像他手中的蛤蜊一樣，不可能不被他的故事牢牢抓住。

到了休息時間，我去找他。他正吞雲吐霧，仍然因為緊張而發抖。他告訴我他在我很熟悉的蘇格蘭地區長大。我們曾在同一處海灘游泳，在同一座森林中漫步，在蕨類植物之間搭建類似的營地。我們發現我們供應的餐廳很多都相同。我從倫敦，他自世界的邊緣。

「過來看看，」他說。

我想了解如何搭配貝類和茶：這似乎是個很好的藉口。

「如果你想要做得好，小姐，那就要求新鮮，直接在船上做。」

在一個陰暗的十二月早晨，我搭機前往奧斯陸，接著轉機向北飛往博德（Bodø），然後搭同機乘客的便車前往渡輪碼頭。三個小時的快船之行帶我更向北方，進入北極圈，到達諾斯克特這個小村子——唔，我以為應該是諾斯克特，但我早了一站下船。我站在結冰的碼頭上跺著腳，疑惑，等待，在黑暗中孑然一身，完全不知道我來錯了地方。過了一陣子，一位老人牽著狗走了過來。他問我在做什麼，我告訴他我在等羅迪。

「羅迪？他住在隔壁的鎮上。你最好跟我來。」

他帶我沿著寂靜的路來到他的小木屋，走進他明亮的廚房。他讓我坐下來，一邊給羅迪打電話，一邊餵我吃五香蛋糕和阿夸維特（Aquavit，北歐的一種烈酒）。等我們在漫天飛舞的北極光下，沿著被巨大開敞空地包圍的昏暗道路行駛，走完最後一段路之後，羅迪衝著我咒罵，並且放聲大笑。

我們在門廊上踢掉靴子上的雪。屋裡燃燒木頭的火爐正散發著熱氣。羅迪的妻子林迪絲是杏壇人士兼學者，她平靜地坐著編織，而他們的三個男孩則像小狗一樣在家裡四處蹦跳。我的床上有一個包好的禮物：一張冬天用的馴鹿皮，又粗又厚，用來鋪在雪地上；這是北極的野餐地毯。我上回赴別人家作客收到放在床上的禮物，是去畢斯文祖母家的時候。

第二天早上，我們作好一切準備，把羅迪的裝備放進船裡，在搖晃的碼頭上等待一道灰白的光線滲入天空。在這麼遙遠的北國冬日，太陽永遠不會由地平線升起，但在中午的幾個小時，它卻已經足以把沉重的黑色提升為乳白的微光。群山圍繞著我們。

船掠過空蕩蕩的水面，來到了潛水點。引擎一停，就陷入了深沉的寂靜。冰包覆了船。我看著羅迪只穿著潛水衣下水，不由得默想他的瘋狂。但我從沒嘗過像這些剛從清澈冰冷的水域中撈出的海膽那麼好的滋味。沒有東西能比得上。在那無聲的冬日正午，只有為那鮮美的味道，才能忍受從我已經凍僵的雙手摘下手套的痛苦。想像你正在海灘上漫步，一波巨浪把你推倒，讓你滾下。你浮出水面，吞下新鮮空氣、生命和驚喜，你就能體會。在尖尖的黑殼中，橙色魚子帶著鹹味的明朗活力，我所吃過的任何食物都無法比擬。

在潛水之間的間隔，羅迪吃了起司三明治，抽了香菸，還喝我為他泡的調和濃茶，加糖但不加牛奶。和他一起出海是我唯一一次真正享受加糖的茶；它就像在寒風冰冷中掌握著的手套一樣重要。他的船是一艘敞篷小艇，沒有船艙或艇罩。在保命的極地裝束下，我穿著一件全長的毛皮大衣，一件喀什米爾套頭毛衣，一件美麗諾羊毛運動衫和一件貼身的絲質吊帶背心，仍然覺得凍僵了，而且我還沒有下水。

但我們用來搭配海膽的卻不是潛水夫茶（Diver's Tea）。回到他家之後，我嘗試了很多種茶葉，只有最精緻的白茶才能把海膽的風味發揮得淋漓盡致。中國的白牡丹茶是最好的搭檔。帶著青草味、柔和、甜美、多汁，帶著最細膩的杏子味，與北極海膽明亮、令人眼花繚亂的清新，和海邊空氣的鮮味相得益彰。

白牡丹是在白毫銀尖之後採摘的，是第一片展開的葉子和下一組葉片包的嫩芽。它們沒有加工成綠茶，而是像白毫銀尖一樣，在山間空氣中乾燥。幼葉開始光合作用，把春天的陽光轉化成新的糖。它的味道比芽更深沉，更濃郁，並帶有成熟杏子芬芳果肉的香氣。那種香味在春摘之後就消失了，如果加工成綠茶也會散去。但在那些幼嫩的葉子裡有隱隱約約的痕跡，你必須在茶湯到達你的舌頭之前，在茶的香氣中尋覓它，在你吞下茶湯之後再一次尋覓，誘人地短暫。白牡丹本身就美，它也烘托出海膽的甘甜，平衡了鮮味。我們讓茶湯冷卻到攝氏六十度左右才倒出來喝：溫而不燙。

羅迪、林迪絲和他們的兒子後來變得更像我的家人，而不僅是朋友，只要一有空，我就去探望他們。

沖泡白牡丹茶

Making White Peony

每 *150 ml* 的水使用 *2* 至 *3 g* 茶葉。把水加熱至 *75° C*，泡 *90* 秒到 *2* 分鐘。

冷泡的方法是每 *1* 公升冷水用 *6g* 茶葉，放在冰箱中冷藏過夜。白牡丹與夏季的生蠔是精采的搭配，因為生蠔的卵使蠔肉變得甘甜。更好的方法是白牡丹（*4g*）和白毫銀尖（*2g*）以 *2:1* 混合。如果要搭配鹹味較重的冬季生蠔，我偏好用純的白毫銀尖冷泡。

第二十三章

中國 浙江省 杭州市

Hangzhou, Zhejiang Province, China

激發勇氣的茶，龍井

友誼與和睦未必總是那麼容易就能得到。我很確定我不是唯一一個不想去參加舞會的人，寧可留在家裡，把王子留給醜陋的姐妹，太累了，壓力太大了，或者只是膽怯畏縮。我們都有自己的辦法，調整自己進入較堅強或較不怯懦的心態。我用的是某一種茶和某一件衣服。

置身餐飲業，與許多廚師聚在一起，可能教人畏縮。這一行女性很少，儘管世上有些最偉大的廚師是女性，但在當今的餐飲業，女性依舊很少見，而且經常遭到邊緣化。房間裡可能充滿了我不能總是假裝或承受的虛張聲勢和支配主導。我並不反對默默地穿過人群或是在邊緣的位置觀看。我自幼就害羞，也一直在幕後工作，直到我成為茶女士。當我承擔起任務，要讓我的業務蓬勃發展，並支持我農民的製茶工藝和茶的價值時，我不得不由電腦螢光幕後走出來。我仍然有非常害羞的時刻，但這對我的生意很不利，如果我不挺身而出，就是不稱職的發言人。

在我強迫自己參加的一個活動中，我認識了年輕的設計師布雷特．梅特勒（Brett Mettler），我們談起我作為茶女士的制服。通常那只是一件洋裝，往往是紅色，可以折疊到幾乎不占空間，好收進行李箱。我想要的是一件不那麼脆弱的衣服，要更實在，能建立我的信心。但在餐廳這樣的環境中，女性該穿什麼，才能為她帶來力量？男人可能會穿上剪裁講究的西裝，但唯一能讓女人居於強大位置的是廚師的白色工作服。

除了《追殺比爾》（*Kill Bill*）中的鄔瑪．舒曼（Uma Thurman）。在這部電影中，她飾演的角色「黑曼巴」單槍匹馬在餐廳裡用武士刀除掉了一百名忍者戰士。她穿著側面有黑條紋的黃色運動服，就像李小龍一樣。在電影演到後面時，她穿著類似的機車皮夾克。布雷特為我設計並製作了一件洋裝作為我的盔甲，向這位揮舞著武士刀的餐廳刺客致意。她選擇了厚重的黃色皮革，並在正面裝了一道拉鍊，由上拉到下。它襯有柔軟的黑色絲綢。每當我需要勇敢時，就穿上布雷特製作的洋裝。它不容許我站在人群後方不受注意，但我也不必闖入人群之中。

我用那件衣服激發我的勇氣，但它未必合適所有的場合，因此可能需要更細膩的方法。在更多的時候，我用我最喜歡的茶——龍井，來砥礪自己。它提醒我背後擁有美麗的歡愉軍火庫，那是美味的重型火砲，可以摧毀任何說「不過就是茶而已」或「誰在乎？」的人。

我花了很多年的時間追尋，才找到這種茶的完美典型，這是這個星球上最神聖的綠茶之一。它以最迷人的方式把鋼鐵傾注在我的脊梁上。

不只我，毛澤東也偏愛龍井。在十七世紀清朝，龍井獲得「御茶」（貢茶）的稱號。很多故事都提到乾隆皇帝為何如此欣賞這種茶，但我喜歡的是他把這種茶葉藏在袖子裡的說法：他原本正在觀看採茶姑娘在茶樹叢中穿梭，忍不住模仿她們採摘的動作。就在這時，太監來報，說太后病重，於是他把剛摘下的茶葉往自己的絲綢袖子裡一塞。等他趕回母親身邊，卻發現茶葉已經壓扁了，變得像羽毛一樣，而且因他溫熱的皮膚而乾燥。他用這些茶葉為生病的太后泡茶。當然，她立刻恢復了健康，這茶也因此受到推崇。

這種茶應該很容易找。龍井來自浙江杭州，這不是祕密。它仍然是中國最著名的茶，問題是我找不到不用殺蟲劑或除草劑的好龍井。由於它在中國倍受喜愛，因此價格很高。在那片著名產區上的茶農都希望能藉農藥之助，把產量提到最高，並降低勞動力成本。人們認為這塊土地和茶葉太寶貴，不能用老式的耕種技術胡鬧。這和法國香檳或宇治抹茶的故事並無不同。但我想要以略微不同的方法種植的東西，由一個小生產商按傳統的方法種植，而不是按大型製茶公司設計的方式來做。我花了很多年雖然問對了人，但卻提了錯誤的問題，一位在大型出口商工作的婦女，其雙親經營一個農場，我最終在這找到了我想要的。這座農場只是一個小丘，位於田野之中，朝湖邊傾斜，因為太小，所以並不出名。

葉子是三月末四月初，在春雨來臨之前採摘的。我已經請他們先寄了一點來品嘗，測試，和自行享用，接著大批貨才會到達，一如往常，由慢船送來。海運的手工茶碳足跡相對較小，而且也並不太急，現代科技可讓茶葉有良好的包裝和貯存，以保持新鮮。

這在木製茶櫃的時代是不可能的。在汪洋大海上，風、雨、熱、浪、濕度和鹽分都會對珍貴的茶葉發生影響。然後是碼頭倉庫的濕和冷。從前曾經非常強調茶的新鮮和時令，現在還有一些專家仍然建議你不該在冬天喝龍井，因為那時它已經過了最佳狀態。但如果用小鋁箔袋包裝茶葉，就可以保持它的完美狀態，一如它離開茶園時一樣新鮮。

如果你一次只打開少量茶葉，在你沒喝完之前，空氣沒有足夠的時間奪走葉子明朗的活力。小而輕的包裝也可以防止上面的葉片壓碎下面的葉片。茶很容易受到光和熱的影響，尤其是空氣和濕氣。最好是買包裝良好的小包茶葉，而不要買包裝漂亮但不良的新鮮茶葉。例如紙就不是有效的屏障；用它只是因為它便宜。玻璃紙稍微好一點。就連鋁箔，也必須非常厚，才能完全不滲透。密封的金屬罐才是正解，可回收，也可重複使用。

如今，只要小心處理，茶就可以保存多年，可是由茶園裡採下的新鮮茶葉卻有些特別之處。儘管由四月到十二月，茶的味道嘗起來可能沒什麼不同，但品嘗新採收的茶，會讓人有一種寧靜的興奮。茶依賴季節、降雨量、溫度、濕度、日照時數，以及自然界中影響所有生長事物的無數可能。它也依賴製茶者的技巧。我可能拜訪過一個茶園許多次，也非常了解它所出產的茶的味道，但每一個新季節都會帶來獨特的風味，因此由快遞員那裡收到第一包新茶葉總教人很興奮。

龍井是春天的味道。有時，在寒冷的二月天，或者當你全身冰涼，即將面對一大群人時，你需要那個明朗的開始。一杯龍井把我從暗淡的灰帶入鮮豔的綠。它在我脆弱的骨髓中注入新鮮的汁液。它嘗起來有濕潤的草、蘆筍和新鮮榛果的味道。今年那首批綠芽就像嬌嫩的菠菜，帶有平滑的堅果味。有些人形容龍井有栗子的味道，但在我看來，它更像榛果，滑潤的口感區分了最好的等級。在我寫下這段文字時，不由得垂涎欲滴，我幾乎可以在沒有嘗到茶的情況下，繼續茶的冒險。

杭州是中國少數以辣椒為烹飪要素的城市，不是四川花椒，而是新鮮切片的青、紅辣椒。當地人對他們的食物就像對他們的茶一樣自豪。但這些較強烈的口味意味著他們的茶需要豐富的味道才能平衡它們，所以他們培育的龍井就像最好的中國綠茶一樣滑潤甘甜，但卻有深度和厚重的質感，能夠承受辛辣。它比較偏向日本煎茶那種植物性的深沉，卻又帶有獨特的輕盈感。這是一種茶的矛盾，風味既輕又重，適合一種矛盾的心態，既膽怯又勇敢。

我頭一次赴杭州茶園的時機有點太晚了。我的茶葉生意妨礙了真正的茶事，春雨已經來臨，春收也已結束。但此行並非完全不如人意，尤其是我來自英國，在溫暖的空氣和柔雨中穿過茶田，雨水由傘下滲出，在我穿過濕透的茶樹叢時浸濕了我的衣裳。潮濕的空氣非常芬芳。我偶爾會瞥見對面山坡起伏的梯田和下方的湖泊，但在大多數情況下，卻只是白色的空氣，和我面前茶樹叢閃閃發光的葉片。雲霧中短暫的間隙會以如此眩目的方式揭露風景，即使大半時候都是一片迷濛，也教人甘心。我很快就全身濕透，長裙像包裝紙一樣黏在我身上，教我幾乎動彈不得。

我蜷縮在混凝土房間裡的燃木火爐旁，在我喝下頭幾口滾燙的茶湯時，蒸氣由我潮濕的衣服冒了出來。大家公認沖泡綠茶應該要用攝氏七十度的水，龍井也不例外，但這並不是硬性的規定。

茶農為我泡了新鮮的茶，用古舊發黑的鐵壺在爐子上燒水，他用傳統西式的方法，使用審茶杯而不用中國的蓋碗，我想他認為這樣我會比較自在。審茶杯是帶有把手和蓋子的直身小杯，杯口兩公分的部位呈鋸齒狀，就像一小排牙齒。蓋子蓋在杯子上時，鋸齒可讓茶倒出，但就像茶篩一樣擋住茶葉。它配有一個特別的碗，天才之處在於你可以用微微傾斜的角度把它翻轉過來放在碗上，蓋子保持在原位，讓茶湯過濾到下面的碗裡，但你不必拿著杯子。如果同時要比較多種茶葉，這就特別有用。你可以連續地快速倒滿幾個杯子，為浸泡計時，然後幾乎同時把它們翻過來，讓茶以同樣的條件過濾。

品茗師採用這種方法的通則是用沸水沖泡五克的茶至滿杯，浸泡三分鐘，這樣做的用意是讓所有的茶都可以在公平的環境中進行評估。但這是英國人在印度所設評鑑紅茶的方法。用同樣的茶水比例和相同的溫度來品評不同種類的茶，甚至不同種類的紅茶，並不適當，就像你不能拿愛德華國王品種的烤馬鈴薯（King Edward potatoes）和烤過的早收馬鈴薯進行比較。新鮮的澤西皇家（Jersey Royal）馬鈴薯雖然用水煮很漂亮，但卻無法像愛德華國王種那樣烤得皮脆內鬆搭配烤牛肉和澆汁。龍井比較像澤西皇家馬鈴薯，這是春來土地軟化收成的第一批新鮮馬鈴薯，需要在較低溫度下作精細的處理，才能帶出更甜美的味道。

你可能喜歡讓它展現更鋒利的稜角，這需要較高的溫度。或者用較長時間、較低溫的浸泡，讓它釋放所有的糖分，而沒有過多的苦澀。我不確定哪種方法最好。我隨身帶著一瓶水，乖乖地按照上面提到的統一品茶方式品嘗了茶，又用比較涼的水泡了茶。我把那瓶安全的瓶裝水加入燒開的水壺裡，並由我的品茗工具包中拿出溫度計，用由六十到九十不同的溫度品嘗，同時也改變泡茶的時間，以真正了解茶葉的每一個細微差別和每一種味道。

他有點驚訝。茶農並非藝妓或茶女士，他們通常會以簡單一點的方式對待茶。我問他怎麼泡茶時，他露出迷惑的樣子。我花了一點時間解釋我想知道他怎麼為自己泡茶。

他拿了兩個像在學校使用又高又厚的水杯，用弓成杯狀的手掌量出茶葉，把這些呈壓扁羽毛狀的茶葉倒入杯中。接著他裝入半杯沸水，一杯遞給我，在自己那杯上吹了一下，立刻開始啜飲。我試圖仿效，但卻因滾燙的水而皺眉不前，拚命吹氣差點讓我喘不過氣來。前面幾口實在燙得要命，而且倒出來的都是白水。我們平穩地啜飲，到一半

泡龍井茶
Making Dragon Well

如果是 ***150ml*** 的杯子，我建議使用 ***2g*** 茶葉和 ***75° C*** 的水，浸泡 ***60*** 至 ***90*** 秒。

時，開始溢出茶味。我們花了緊張的幾分鐘喝光杯子裡的茶，用嘴唇過濾茶葉，更像是在比較耐力而不是享受。（有位英國皇家空軍老兵告訴我，他們往往沒空過濾茶葉。在兩次飛行任務之間，他會用杯子而非茶壺泡茶。他說他因為有鬍髭，可藉此過濾茶葉，因此有額外的優勢。）

這位茶農接著又倒了水，泡第二泡。水壺剛才被擱在冰冷的鐵桌上，現在比較涼，啜飲起來不那麼痛苦，也比較能享受。

他請我吃午餐，我們坐在一起吃辣椒、蔬菜和米飯。他告訴我這味道搭配得很完美；但我說不出它們的味道如何，因為我的嘴辣得發麻。

第二十四章

「雞尾酒的故事」，潘趣酒配對晚宴

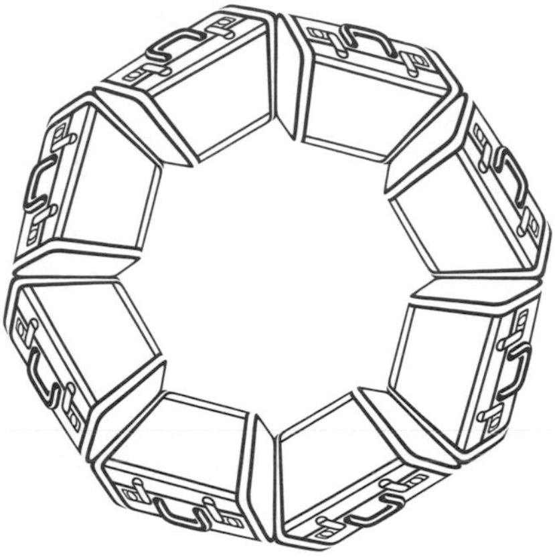

美國 路易斯安納州 紐奧良

New Orleans, Louisiana, USA

半滿的茶杯很快就空了。到只剩半杯的時候，茶已經比較涼了，所以我們喝得更迅速。就在片刻之前，我才看著我的杯子想道，「哦，糟了，幾乎喝光了。」把真正好的一杯茶喝完確實讓我有點難過。上半杯你得花點時間喝：它很燙（希望不是滾燙），你只能小口啜飲。你有機會品嘗它的芬芳，甚至在你把它拿近嘴唇之前，就能嘗到它的氣味。這時你務必要停下來，也聞一聞濕潤茶葉的味道。它們會釋放出各種香氣，你會用舌頭嘗到其中一些，但不是全部。錯過這些香氣，就是錯過喝茶的主要樂趣。濕潤的茶葉有一種濃冽的氣味，就是沒辦法由茶湯中嘗到。

在中國，他們也認為茶的後味值得回味；的確，茶葉大師分幾個階段品茗。首先是濕茶葉的香氣，然後是杯子的香氣，然後是茶湯接觸到你舌頭時的第一個滋味，接著是它在你口中滾動時的中味，你吞嚥它時最後的味道，接著是最重要的，殘留在你嘴裡的餘味。這就是為什麼中國的品茗杯這麼小，就像小小的頂針，讓你只能小口啜飲品味。

一杯茶喝到盡頭，茶湯已涼，香氣已散，茶以較低的濃度滑入口中。我不是看杯子會覺得半空的悲觀人士，但我是現實主義者。

我非常感謝有些地方邀請我去搭配茶和菜餚，有些地方甚至在餐酒搭配之外，也提供整套的餐茶搭配。我不想顯得不知感激或灰心氣餒，但實在的情況是，這種機會非常罕見。這種經驗的炙熱快感正在我的杯子裡降溫。

當然，只要你禮貌地要求，也有餐廳會為你供應茶，讓你搭配晚餐，但在亞洲以外的地方仍然非常不尋常。真正好的冰茶或許午餐時間會出現在餐桌上，但到了晚上，人們偏愛強烈一點的飲料。我所謂的強烈不是指味道更濃，而是指酒精。如果想要把茶送到晚餐桌上，通常都得讓它藏在烈酒的裙下。

你應該已經注意到我在本書中收錄了雞尾酒配方，這是有原因的。這些年來為了讓人們真正愛上茶，我往往得讓他們略微有點醉意。請不要太嚴厲地批判我，這是個行之有年的策略。

在紐奧良一個漫長而濕熱的夜晚，我的朋友吉姆．米漢（Jim Meehan）和我讓一整個餐廳的人都神魂顛倒。身為作家、酒吧老闆、全方位飲品專家的吉姆和我要動手用茶和蘭姆調製的潘趣酒（punch）搭配一頓絕佳的晚餐。那是七月下旬，天氣比置身鐵皮屋頂還熱。在一年當中的這個時節來到紐奧良實在有點不是時候，氣溫飆升，濕氣氤氳，不過無論天氣如何，紐奧良都很美。而且當時此地正在辦一個喧鬧的節慶：「雞尾酒的故事」（Tales of the Cocktail）。

我抵達時，只見一個搖擺樂老樂隊正在我住的旅館大廳演奏，由那一刻起，音樂從未真正停止。街頭的音樂，計程車裡的音樂，酒吧、餐廳和蜿蜒穿過全市古老木製電車上的音樂。這個城市有很多音樂家，由陰暗陽台下的流浪漢，到穿著西裝在時髦旅館中演奏古老爵士樂的小伙子。而且全都是好音樂。

在汗流浹背的酷熱中，它讓你涼爽。整個城市都很從容，並沒有裝腔作勢。他們似乎對美好的時光有一股渴望，和美國其他任何地方都不同。紐奧良是個明確屬於自己的獨特地方，雖然陷入老派的南方式虛榮，也同樣有許多腐敗和偏見，但卻欣欣向榮，充滿了美麗和快樂。

「雞尾酒的故事」是個產業盛會，歌誦酒和調酒，並為贏家頒獎。它不像餐廳或電影界一樣只有一晚的活動，而是為期一周的狂亂。這幾天充滿了由這一行專家和傳奇人物主持的研討會，討論也飲用酒精飲料。大品牌舉辦豪華派對，揮霍數百萬美元超越對手。整個城市都被看起來像文青複製人的調酒師接管了，他們都留著鬍子，梳著光滑的髮型，手臂刺青。女人則沒有鬍子。每個人都喝得酩酊大醉。

但是也有例外。吉姆．米漢對酒類非常在行，他是對所有酒精飲料都非常嚴謹的專家，但他很少喝酒。四十多歲的他比這一行大多數的人都年長，而且也更有智慧。他還在自己的崗位上，驅動飲料世界，而且胸懷大志。他沒有刺青，鬍子刮得乾乾淨淨，莊重地穿著熨燙好的襯衫，眉頭緊鎖，在一心追求放蕩、極其年輕的群眾裡鶴立雞群。我仿效他，讓自己保持平靜，調整自己的步調，學習留下美味的飲料不喝完，以便品嘗更多的飲料。

我需要持久的耐力，才能享受這個城市在這些派對之外的活力。這裡可不缺派對，只要你戴對了手環，它們就無窮無盡，在滔滔洪流中互相擴散。穿越其中，觀看花費數十萬美元為成千上萬賓客所舉辦的盛會規模已經足夠，而不用像《大亨小傳》的蓋茨比那樣炫耀浮誇。它們的設計是用來打動刺青的年輕人，而不是戴著草帽的茶女士。我逃到戰局之外比較安靜的地方。

我們的重頭戲在這一周活動的中間登場，吉姆和我推出潘趣酒配對晚宴。我們招待了八十多人，每一道菜都搭配蘭姆酒和茶調製的潘趣酒。茶加酒，既美味又精神。酒精是放鬆劑和鎮靜劑，而茶是一種興奮劑，我喜歡把它們兩者結合的效果想像成女性版的「伏特加紅牛」(Red Bull Vodka，紅牛飲料加伏特加的調酒)。

最先把茶加入酒精的飲料就是潘趣酒。早在禁酒令之前，潘趣酒就是最早的雞尾酒，不是在美國而是在英國調製的：結合不同元素的平衡飲料，調製出更美味的飲品。在通寧水 (tonic)、果汁、含糖汽水甚至飲用水等調酒材料之前，人們就已經用美味的茶調緩純烈酒的濃度，以美妙的方式稀釋。

最好的雞尾酒是以精準和平衡調製而成。合適的茶搭配或注入烈酒，只要稀釋度、沖泡時間和比例適當就能歌唱。如果調酒師用了茶，而我能立即嘗出來，就會有點失望，因為茶是一種成分，應該烘托飲料，而不是主宰它。它加在飲料裡可能只是為了增加深度、韻味、口感，以及風味。有來自全球各地這麼多的茶，擁有如此多的風味特色，讓你為一杯美酒添加難以捉摸的微妙層次。

如果你得招待一群口渴的客人，卻又不想被關在廚房或吧台後面不停地調酒，這時潘趣酒就是完美的解決方法：它可以撐很久，又很美味，而且可以預先大批調製。它解除了調製雞尾酒的壓力。在那個炎熱的夏夜，吉姆和我能夠調製所有的潘趣酒，卻不流一滴汗，花朵也沒有從我的頭髮上掉下來。我們已經準備好一切，可以不費吹灰之力讓每一種潘趣酒視時機隨每一道菜餚上桌，而我們也能坐下來享用晚餐。

如果你能為裝潘趣酒的碗（沙拉碗、攪拌碗、桶子）取得一大塊冰，就能保持飲料冷卻，但不會太快地稀釋；但如果你只能拿到一般的冰塊，不要把它們放在潘趣酒裡，而該把它們放在玻璃杯裡，然後用勺子把潘趣酒舀在冰塊上。

吉姆・米漢非常大方地分享了以下的酒譜，全都可以調製出一公升的潘趣酒。潘趣酒杯通常是小杯，大約一百毫升，所以賓客會不斷地回到潘趣酒碗這裡添酒，這意味著大家會一直聚在一起。一個潘趣碗應該可以舀出十杯酒。如果你是用裝滿冰塊的平底杯[13]（tumblers），每份約需要一百五十毫升的潘趣酒，應該可以由酒碗中舀出六至七杯。

我們先用「直上九霄」歡迎賓客。

13編注：原文為 tumblers，容量介於一百八十至三百毫升，按照作者敘述，裝滿冰塊的杯子還可以再加入一百五十毫升的酒，所以應使用最大容量的三百毫升平底杯。

調製「直上九霄」（Cloud Nine）潘趣酒

Making Cloud Nine Punch

◆ *250ml* 雲茶蘭姆酒

◆ *17ml* 蜂蜜糖漿

◇ *75ml* 萊姆汁

◇ *500ml* 乾香檳（*brut*，指含糖量少於 *15g*，不甜）

提前一個小時把除了香檳以外所有的成分都放入潘趣酒碗裡調和，放入冰箱冷藏。

在碗裡加入一大塊回溫的冰塊（*tempered block of ice*，理想溫度為攝氏零下 *6*、*7* 度）。然後倒入香檳，用旱金蓮（*nasturtiums*）裝飾，舀入潘趣杯中即可食用。

◆ 雲茶蘭姆酒

Cloud Tea-Infused Rum

◇ *15g* 雲茶（或另一種極好的喜馬拉雅茶）

◇ *1* 瓶 *750ml* 的班克斯五島蘭姆酒（*Banks 5 Island*）或白加得蘭姆酒（*Bacardi*）

將雲茶放入酒壺中，加入蘭姆酒攪拌。浸泡五分鐘，然後細篩倒回酒瓶中。

◆ 蜂蜜糖漿

Honey Syrup

- ◇ *170g* 蜂蜜
- ◇ *125ml* 水

在單柄平底鍋中混合蜂蜜和水。用中火加熱至蜂蜜溶解，然後任其冷卻。

我們晚餐的第一道菜是烤路易斯安納桃子（光是這些桃子，就值得七月來到紐奧良）和奶香濃郁的布拉塔乳酪（burrata）。我們把甜桃與濃釅的紅茶結合在一起。我特別為這道菜調製了茶飲，不過只要是好的英式早餐茶都可以搭配。

下一道菜是油膩的南方牛仔骨燒香菇。我們用淡金色的蘭姆酒加入普洱茶。此後我也用這種方法調威士忌，效果也非常好。你也可以用普洱茶作為輔助調料，稍微稀釋調酒，沖淡它的酒精。味道濃郁、黏稠的排骨和柔軟的鮮味香菇與柔滑、樸實的普洱是完美的搭配。

晚飯後我們還要去參加派對，也準

絕妙蜜桃潘趣酒
Peachy Keen Punch

◆ *700 ml* 冷泡英式早餐茶

◇ *150ml* 深色蘭姆酒，如 *Banks 7 Golden Age* 或 *Bacardi Ocho*

◆ *75ml* 簡易糖漿

◇ *30ml* 白桃白蘭地

◇ *45ml* 檸檬汁

在潘趣酒碗內混合所有的材料。加入一大塊回溫的冰塊。用新鮮桃子切片裝飾潘趣酒。

◆ 冷泡英式早餐茶
Cold-Infused English Breakfast Tea

◇ *25g* 優質英式早餐茶

◇ *1* 公升過濾水

在冰箱中冷泡三小時。

你可能得要根據所用的茶來調整用量和浸泡的時間。你要尋求的是比你想喝的冰茶更濃的茶湯——非得要濃到能平衡雞尾酒，但不致過於苦澀。如果有時間，你可以每公升僅使用 *20g* 茶葉，放置過夜。

◆簡易糖漿
Simple Syrup

◇ *425g* 極細砂糖

◇ *500ml* 水

把糖和水放入長柄平底鍋中混合，用中火燒煮至糖溶解。冷卻並裝瓶備用（放在附近方便使用）。

備了出發前的最後一道潘趣酒。它遵循最早的潘趣酒傳統，以綠茶為主要成分，不過我們使用的是一種日本煎茶，而非較傳統的中國綠茶。

這種潘趣酒調法超級簡單，而且在炎熱的夏夜非常美妙。

我們跳上一輛叮噹作響的老式木製電車，沿著老舊的鐵軌穿過霓虹閃爍樂聲琤琮的明亮街道。這和在日本靜岡參觀我們所喝煎茶茶園的旅程如此不同。我不知道森內夫婦會不會因為我在他們可口的茶裡加了蘭姆酒而大驚失色。

珍稀
Rare-Er

◆ *600ml* 普洱蘭姆酒或威士忌

◇ *300ml* 瓦得比諾酒莊雪莉酒（*Valdespino Deliciosa Manzanilla*）

◇ *75ml* 班尼迪克丁香甜利口酒（*Bénédictine*）

◇未打蠟的柳橙

把所有的材料都放進潘趣碗裡混合，並在碗裡加入一大塊回溫的冰塊。在每個杯子的上方捏擠一段柳橙皮噴附皮油，然後把皮丟棄。

把普洱茶葉盡可能搗碎，倒入冷水中（每公升 *15* 克），然後放置過夜。

◆ 普洱蘭姆酒
Pu'er-Infused Rum

◇ *15g* 普洱

◇ *600ml Banks 7 Golden Age* 蘭姆酒（或約翰走路黑牌威士忌〔*Johnnie Walker Black*〕）把普洱放入壺中，加入蘭姆酒（或威士忌）。攪拌，並靜置十分鐘。

至於甜點——多香果巧克力蛋糕，是用新鮮檸檬馬鞭草作搭配。

綠茶潘趣酒

Green Tea Punch

- ◆ *175ml* 煎茶

- ◆ *175ml* 薄荷茶

- ◇ *100g* 蔗糖

- ◇ *500g* 碎冰

- ◇ *60ml* 萊姆汁

- ◇ *375ml* 班克斯五島蘭姆酒（或百加得）

- ◇磨碎的肉荳蔻

泡茶。

把茶用細篩濾入潘趣碗中。加糖攪拌至糖溶解。

加入碎冰以便冷卻並稀釋茶湯。（你當然也可以把冰塊裝在外包茶巾的冷凍袋中壓碎製作碎冰，用擀麵杖或錘子的效果也很好，還可以釋放壓抑已久的憤怒，因此去買碎冰塊似乎很傻，除非你在酒吧工作。）

加入萊姆汁和蘭姆酒。

加入磨碎的肉荳蔻作為裝飾。

倒入已裝入大塊回溫冰塊的潘趣碗中，或者把它倒在保溫瓶裡，帶在路上喝。

◆製作煎茶

Making the Sencha

175 ml 水加熱至 *90° C*，倒入 *6 g* 煎茶，浸泡 *5* 分鐘。

◆製作薄荷茶

Making the Mint Infusion

把 *2g* 英國薄荷茶加入 *175ml* 沸水中，沖泡 *2* 分鐘。

第二十五章

比各部分的總和更好，調和玉露茶

日本　靜岡

Shizuoka, Japan

子彈列車風馳電掣穿過單調、半工業的日本郊區。遠方，富士山隱隱透出冰冷的浪漫。靜岡的皇家酒店相當破舊，不太皇家。旅館外馬路對面的電線和電纜像辮子一樣亂蓬蓬地纏結在一起。接待櫃檯因為尼古丁和疏於清理而呈黏棕色。我的榻榻米房間雖然有菸味，但還算乾淨。房門是金屬的，像監獄，沒有窗戶，不過空白的牆壁被竹子和紙遮住了，使它看起來幾乎可以算舒適。我的日式床墊放在房間當中的地板上，房裡還有熱水瓶可以泡茶。

能夠出城前往森內太太的茶園，真教我如釋重負。森內太太打扮整潔，低調而時尚，雙手粗糙，臉龐光滑而美麗。她為我煮了美味的蔬菜湯做為午餐，並向我展示了供奉她祖先牌位的神龕。這些年來，我們學會了用手機上的翻譯應用程式聊天，幾乎可以自在地交談。

我們嘗了她和她先生用她稱為「藍風」的新品種茶所製的新煎茶，並且一起用這種好煎茶製作玄米茶，只是我們選擇的是由完美的茶葉中篩出來稍微破碎的碎茶，然後把它們與烘烤過的日本糙米混合。我一直不太能接受玄米茶，因為在傳統上它是作為掩飾用的，把炒過的米粒加入茶裡，原本是用來消耗已經過了黃金時期或劣質煎茶的方法。森內太太建議，克服我先入為主意見的最佳方法是改用優質煎茶。我一巴掌拍了一下自己的額頭，因為自己竟愚蠢得沒有想到這一點而惱火。她被我這一掌嚇了一跳，但還是禮貌地微笑。

我們一起在他們整齊的茶園裡散步；改為有機種植的那一半茶園更有吸引力。森內先生打造了一個架空的纜車，可以搭乘到更陡峭的斜坡上採茶——這是一段驚險刺激的旅程。他展示了他備受讚譽的手揉方法，用古老的技巧在加熱的桌子上揉捻。他花了幾個小時輕輕地揉捻同一批葉子，前前後後溫柔地操作，讓它鬆軟柔韌。

晚上我和塞特瓦莊園的亞歷山大介紹給我的一位日本老兄出去，他是個茶商，和塞特瓦有生意往來。這人很有趣，菸抽個不停、酒喝得很凶，是個玩世不恭的人。他帶我去吃壽司喝清酒，那個地方相當粗獷，沒有通風設施，他把我的外套裹在他的外套裡面，以免它沾上氣味。一隻鬥雞眼的貓占了地利，由堆得高高的泛黃報紙上方警戒地注視著我。吧台上陳列著蓋滿灰塵的酒瓶，那些都是蘇格蘭麥芽威士忌協會（the Scotch Malt Whisky Society）的稀有調和威士忌，裡面的酒早已喝光了。廚師就是酒保，他一邊吸菸，一邊為我們倒飲料。酒吧裡放的是古老的美國爵士樂，感覺就像村上春樹描寫的情景。

第二天早上，像墳墓屍體一樣倒在沒有窗戶房間裡的我迫切需要茶。極其幸運的是，我已安排與一位倍受敬重的玉露茶大師共度一天。他向我示範了調和這些來自不同生產業者最高等級綠茶的珍貴技巧。玉露之所以如此珍貴，是因為茶葉在採收之前的最後幾周需要遮蔭，整個茶園都被網棚罩住，只讓最細微的光點透過。（玉露是由非常類似茶道級抹茶的茶葉製成的）這並非易事，這種珍貴茶葉還需要一絲不苟的蒸青和揉捻，同樣也不容易。

我直接向這個位於宇治的茶園買我的玉露，這裡在靜岡以西大約三百公里。先前我從未見過這種作法的調和茶，但我很熱衷於學習他的調茶技巧。最好的茶農把他們得獎的茶葉寄給他，他以幾乎和我製作英式早餐茶一樣的方式評估和實驗。他先把一日圓放在古老的鐵秤上，這種硬幣的重量正好是一公克，然後他再量出各種不同茶農產品的組合。我們一起嘗了以不同比例調和的同一種玉露茶，並仔細品味其間的差異。究竟最好的結果是什麼，他含糊其辭。我拿出手機，在翻譯應用程式上輸入：「比各部分的總和更好的東西。」他笑了，狠狠地拍了我的背一掌，就像拍男人一樣，並邀請我坐下來喝他最好的茶。

我並不是隨隨便便就能闖進他調茶的房間，而是由人引介，這場會面事先已經安排好了。但我頭幾次來日本卻沒那麼容易。要找到最好的茶農就花了我許多年微笑的誤解，因為女人當然不可能作買茶的生意。心高氣傲而且倍受敬重的男人要直接與女人談判，不論她是不是西方人，往往會教他們深刻感到不自在。人們可能會為了爭取一個男人的生意而向他獻殷勤，但對女人，充其量只是容忍。近年來，我的年齡漸長，灰白的頭髮再加上毅力，讓我得到比較好的結果，但一開始，身為年輕女性，想要進入日本的茶世界常常會受到不光彩的拒絕。

沖泡玉露茶或煎茶

Making Gyokuro or Sencha

要在茶壺中輕鬆製作這兩種茶，每 *150ml* 使用 *3g* 茶葉，泡玉露茶的水溫在 *60° C*，煎茶的溫度可能要高達 *70° C*。

要泡較濃的茶，每 *60ml* 水使用 *7g* 的茶。

我們和玉露大師一起喝了八泡茶湯，由體溫攝氏三十七度開始，每一泡都升高攝氏五度左右。接著我們吃了一些沾上黃色味噌醬的茶葉。大師說茶葉的味道還沒有耗盡，所以又泡了兩泡。總共十泡，滋味全都令人震驚。

日本的很多事情都令人震驚。在流線型子彈列車飛馳返回東京的路上，車掌穿過車廂，她在車廂的盡頭停步，轉身面對我們，向乘客鞠躬，然後繼續前往下一個車廂查票。

第二十六章

斯里蘭卡　烏瓦高地　安巴丹迪加瑪

Ambadandegama, Uva Highlands,Sri Lanka

甜得就像檸檬糖，檸檬草茶

嘟嘟車由山上沿著陡峭的泥土路蜿蜒而下，帶你由就在安巴丹迪加瑪（Ambadandegama）村外的安巴莊園（Amba），來到希爾歐亞火車站（Heel-Oya）。手繪得整整齊齊的站牌上還列著火車的班次時間。原始的維多利亞時代轉轍器用一支大的黃銅拉桿轉換軌道。站房還保持大約兩個世紀以前英國人建造的原樣。票務系統也和以往一樣，小小的長方形厚卡片放置在無數的木製小收納隔間裡。火車進站時，站長扣上白色的外套，在設有整潔明亮花壇的月台上踱步。

這列開往可倫坡的火車停靠在車站這頭鐵軌的對面，車站沒有月台。要上車，你就得帶著你的包包和行李箱縱身一躍，落在鐵軌上，然後越過鐵軌，試圖直接由鐵軌攀上火車門上的金屬梯子，希望能有一支友好的手臂拉你一把。接下來大約八個小時，火車曲曲折折駛向首都。透過骯髒的窗戶，茶鄉在被茶樹覆蓋的山脊和山坡上展開。小販跳上躍下火車，源源不斷地提供美味小吃。最後你會被拋進可倫坡車站的喧囂混亂中。

斯里蘭卡內戰持續了二十五年，由一九八三至二〇〇九年，在這段期間，有些茶園遭廢棄荒蕪。人們認為要在因內亂而分裂的國家經營茶園實在太困難，許多以茶維生的社區都被捨棄了。等到和平終於來臨的時候，援助機構、非營利組織和各種顧問都搬來協助重建，其中一位就是賽門．貝爾（Simon Bell），安巴莊園的主人。他並沒有空談，而是以實際行動支持，買下一個農場，試圖建立可以永續發展的新模式。

多年來我一直在努力尋找可以合作的茶園。斯里蘭卡生產大量茶葉，經常以殖民時代的舊名稱錫蘭出售。（我不會把辛巴威的茶稱為羅德西亞茶，也不會把台灣的茶稱為福爾摩沙茶。）問題是，這些茶幾乎全都是商業用茶，由大企業集團以遠非我樂於支持的方法生產。此外，他們的茶真的不是我所尋覓的品質。我曾在努沃勒埃利耶（Nuwara

Eliya）茶鄉周圍的山丘上參觀過設計精美狀態純樸的茶園，與觀光客一起讚嘆它們。但再靠近一點觀察，我卻發現我置身茶的迪士尼樂園，一個好萊塢式的幻想，為遊客提供他們想看的東西。茶工生活的可怕情況被隱藏在視線之外，遠離豪華的觀光飯店。

在收到安巴莊園的電子郵件之前，我雖一直在尋覓，卻並沒有找到。賽門雇用了一名勇敢的約克郡婦女畢佛莉，他們決心創造一種經濟作物，可以長期維持當地社區，不會受到茶葉商品市場變幻莫測的影響，也不需要昂貴的機械。位於拉瓦那瀑布（Ravana Falls）上方烏瓦高地的這個廢棄農場有點混亂。畢佛莉是個女人，局外人，先前又沒有種茶的經驗，很難得到當地的任何支持。她向我求助。我也沒辦法提供多少幫助，我只是茶女士，而不是茶葉大師。不過我問了塞特瓦莊園的亞歷山大，多年來他一直在做畢佛莉他們想要達到的目標，並且還從零開始建立了手工揉捻的程序。亞歷山大願意花時間分享他的專業知識，協助畢佛莉和賽門。我所要做的就是把他由馬拉威帶過來。

賽門打造了一間簡單但非常時尚的民宿。觀光業的發展推動了這個計畫，讓遊客有機會留在茶園之間，看到有機農場的作業，而不是度假的舞台布景。第一天，當地的廚師為我們作了辣味椰子叁巴醬（sambal）茶葉天婦羅：直接由茶樹叢中摘取的新鮮嫩綠葉片沾上薄薄的麵糊，放進熱鍋裡油炸。我們一邊嘎吱嘎吱地嚼，一邊討論未來的障礙和機遇。亞歷山大和我在農場裡閒逛時，我們發現當地人並不喝茶，他們培育一種由山上採下來的野生檸檬草。畢佛莉正在實驗該怎麼切割這種香草，並讓它乾燥。我們看著他們用大砍刀收割這種長葉子，折斷乾燥的尖端，用剪刀把葉子剪細，然後攤在戶外的架上晾曬。他們迄今仍然這樣做。我確實想過要為他們買一台切割機，但很快就明白這是個愚蠢的計畫：它會剝奪就業機會。有些謀生方式比坐在陰涼處，小心地削剪香草莖葉更糟。

每一種在地球上生長的植物，從葡萄到茶到檸檬草，在它的味道中都表現了一點當地的風土。我特別喜歡朋友在面海的城市海斯廷斯（Hastings，英國南部）所種的檸檬馬鞭草。我把它放在我的通風櫃裡晾乾，用它薰香床單。它的味道和在其他地方種植的任何馬鞭草都不一樣，帶著一股玫瑰花香，但也許這只是我記憶中的聯想，因為我想到了盛開的花園，以及幾乎難以察覺，宛若倉鼠舔舐那般輕柔的海鹽。

斯里蘭卡的檸檬草與眾不同。它嘗起來很甜，像檸檬糖，帶有新鮮乾草和爽口甜檸檬的可愛青草味。安巴的檸檬草極其清爽卻又柔和。它的味道太好了，因此珍稀茶公司賣得供不應求。我們現在也和一群遍布全國的有機小農合作，其中許多是擁有土地不到一公頃的女性。傑出的有機夢想家薩拉斯．拉納維拉（Sarath Ranaweera）博士提供了各

檸檬草茶

Lemongrass Infusion

對檸檬草不必過度小心；它是最容易泡的茶。沖泡用的水越熱越好，以讓它釋出精油。

每 *150 ml* 的水我會用 *2g* 切好的乾檸檬草葉，然後任其浸泡，由 *90* 秒到幾個小時不等。

等到茶湯冷卻，就會成為絕妙的冰茶。它和茶不同，不會因時間拉長而氧化或變苦或變淡。

種幫助和專業知識，在他的指導下，種植檸檬草不需要太費心力。它一年到頭為小農戶提供了重要的收入補貼。

第二十七章

墨西哥　米卻肯

Michoacán, Mexico

風味十足不含咖啡因，香草植物

如果你不想要咖啡因，也有很多美麗的香草可供沖泡，比如檸檬草。茶葉在脫咖啡因時要使用化學溶劑，它帶走的不只是咖啡因而已。我曾讀到研究說，這些溶劑本身可能有害。純草本茶可能對你會比較好。

在這本書中，我交替使用「茶」和「草本茶」這兩個詞，因為約定俗成，大家都這麼做。如果我們把香草放入熱水裡浸泡，喝它泡好的液體，英文就稱之為「茶」。這在語言學上是一種不自覺的行為，把所有用葉子泡的飲料都混在一起，包羅在一個統稱裡。但要澄清的是，草本茶並不是茶，它們不含咖啡因，也沒有鎖在茶葉裡的許多奇妙特性。中國最早喝茶之時，把茶認為是一種藥物。我不是科學家，也不想當冒牌醫生，但很多研究顯示茶對人體非常有益。你可能會對此嗤之以鼻，尤其是想到我喝了那麼多茶，依舊二度罹癌。但我天生就有 BRCA2 乳癌基因變異，讓我很容易罹癌。說不定我能活這麼久正是多虧了我喝了茶，再加上好運氣，好醫生，和 NHS。如果癌症真的讓我喪命，請不要責怪茶，而要責怪我不好的 DNA 背叛了我。

然而，香草有自己的藥用價值，雖然和茶裡的不同，但仍然非常有效。洋甘菊有助於安寧的睡眠，薄荷有助於消化。認真的草藥師可以列出每一種植物的有益特性，但我感興趣的主要是它們的味道。茶是我的初戀，但香草在任何方面都同樣迷人和美味，因此最近我也幾乎以同樣的心力追求它們。

我前往墨西哥尋找我愛上的一種稀有藥草。我一直在尋覓一種叫做茴藿香（anise hyssop）的植物，它的葉子帶著薄荷和大茴香的味道。我在紐約第一次嘗到它。如果你不喜歡甘草或薄荷，純粹用它泡的茶可能不適合你。但它為我的許多香草調和茶增添了一些風味，我也喜歡純用它作為我睡前的最後一杯茶。它和牙膏非常配。

然而，我首先得要找個農民為我種植它，和使它乾燥。我在紐約上州和加州四處搜尋，但一無所獲。在認識世上對墨西哥植物知識最廣博的人戴安娜．甘迺迪（Diana Kennedy）之後，我才知道這種香草並非美國本土，而是墨西哥的植物。她解釋說，它在墨西哥有很多名字，其中一個是toronjil，而且她認識離她米卻肯（Michoacán）住處不遠的一位德國醫師就在有機栽植這種植物。她邀我去拜訪她，並樂於為我們聯繫。

已屆九十高齡的戴安娜是真正了不起的女性。去墨西哥探望她，除了有獲得新香草的機會之外，也是教人興奮的冒險。我知道由名字等於是墨西哥毒品貿易代名詞的地方進口刺鼻的綠葉草藥絕非易事，但最容易的方法也未必會是最精采的冒險。

戴安娜在米卻肯的房子圍著一棵樹而建，它的樹幹穿堂而過。戴安娜在客廳裡和我談起她擔任《紐約時報》通訊記者的丈夫怎麼把她帶到墨西哥來，卻在不久之後死於腦溢血。但她並沒有回到英國故鄉，反而留在此地，把學習和教授和撰寫關於墨西哥豐富本土植物以及其人民古老烹飪技術的文章，作為她畢生的志業。她給我看了一張她一九八〇年代在紐約拍攝的照片，身著白色廚師服的她被當時每一位著名的廚師包圍在中間，其中許多廚師迄今仍然家喻戶曉。「親愛的，」她說，「我寫作，我烹飪，我教授，而且我當然也在紐約到處磨蹭。」

在我們談到這個話題時，我問戴安娜為什麼不再結婚。

「天哪，我作過人家的老婆，我不想再做老婆，也不想再洗任何人的臭襪子。」

她獨自開著路虎越野車（Land Rover）環遊全國，在太偏遠沒有旅館的地方就睡在後座，直接向女族長學習，把她們未經紀錄的智慧流傳下去。她的書現在公認是墨西哥料理的聖經。她還是一如既往無所畏懼。她建房子的地區——圍著那棵壯麗的老樹，現在大半都受到販毒集團的控制。戴安娜本來可以離開這個人們常遭綁架和謀殺的強盜國度小鎮，但她獨自住在那裡，無意離開果園環繞，種滿了稀有植物的美麗廚房花園。她已打造出成就，證明她對保護的真正熱情。她把過去帶入現在，並容許它存在未來。

就在她迎接我們之際，和我同行的美國攝影師開始拍照。戴安娜為我們倒了龍舌蘭作為開胃酒。她嚴厲地盯著他，問他在做什麼。他聳了聳肩說他在拍照。

「你徵求我的同意了嗎？」

「沒有。」

「那就停下來。」

值得稱讚的是，他放下了相機並道歉。接著我們去花園，她在那裡用火和太陽能烤箱烹飪。在我們吃完飯，放下亞麻餐巾之後，她問他想不想拍一些照片。我的茶葉掛在她廚房籃子裡的照片是我的最愛。看到我的「珍稀茶」罐放在人們的廚房時，總教我非常自豪，而它們放在戴安娜的家裡尤其特別。

戴安娜介紹給我的那位奇怪的德國醫師既是西醫，也是草藥師。他在戴安娜家附近綿延起伏的丘陵上有一個令人驚嘆的有機農場，他是如何應付毒梟的，我一點也沒有頭緒。農場上生產了一些美麗的香草。我告訴他，在我穿越美國來見他的路上，用了他寄給我的茴藿香樣品，讓它列在一些美國最負盛名餐廳的菜單上。

可是好心未必會有好報。這位醫師聽說我用他的草藥大獲成功，以及我所接獲的訂單之後，卻把價格提高了六倍。我買了我所需要的分量，卻再也不曾回頭再買。但這並不是說這趟旅行不值得，因為我有機會與戴安娜共處。我在舊金山的墨西哥廚師朋友蓋布里艾拉．卡馬拉（Gabriela Camara）後來為我介紹了一些種植香草的農民，他們參與重振西班牙人殖民前索奇米爾科（Xochimilco）水上花園計畫，就位於墨西哥市郊。

第二十八章

近在咫尺的古老植物園，萃格斯南莊園

英格蘭 康瓦爾

Cornwall, England

我不一定非得要行萬里路，或者走到天涯海角，才能找到非凡的好東西。離英格蘭康瓦爾郡的特魯羅（Truro）不遠處，有一座古老的植物園，那裡就種植了一些非常好的香草，還種了一點茶。這地方叫做萃格絲南（Tregothnan），這座莊園自一三三四年以來一直屬於同一個家族。

為他們經營管理的人名叫喬納森·瓊斯（Jonathon Jones），他的心思和我一樣錯綜複雜。我們交談時，永遠無法在一個話題上停留數秒鐘而不離題扯到別處去。我

覺得我們是勤勞的蜜蜂，在花園裡嗡嗡飛舞。有時我們會在同一朵花上逗留一下。

喬納森為波斯卡文家族（Boscawen）打造了第一座英國商業茶園。當然，這並不是說以前沒有人嘗試過。要是羅伯特．福鈞由中國偷來的第一批茶苗能夠成長茁壯，就會有很好的結果，可是英國的地形和氣候並不適合茶樹生長。然而，萃格絲南有獨特的微氣候（microclimate），因為墨西哥灣流流經這裡的海邊，讓康瓦爾海岸保持溫暖。深水灣蜿蜒伸入內陸，進入這座莊園。棕櫚樹在此蓬勃生長，稀有植物欣欣向榮，茶樹如今也生長在通往湖泊的坡地上和圍牆內的古老花園。

這裡沒有空間留給大型種植園，只能生產少量的茶葉，大多數可採得的純茶葉都與印度茶葉混合。讓我比較興奮的是他們收集的香草。幾個世紀以來，帆船都把切入莊園的沿海水灣作為安全港，在綿延起伏的丘陵保護下，他們把由世界各地收集而來的異國植物貨品直接送進了萃格絲南。

其中之一是來自紐西蘭的麥蘆卡（manuka）。這種植物是茶樹家族的親戚，在它的家鄉風土中味道很強烈，往往太過刺鼻，無法作為飲料。因此人們收集以這種花為食的蜜蜂所釀的珍貴蜂蜜。在康瓦爾，經歷數百年整體而言較溫和的氣候，這種植物已經變得比較和緩了。這種常綠灌木生有堅硬的小葉片、柔軟的木質莖和小花，結合起來可以製出絕妙的茶，它的香氣中帶有一點雪松和肉桂的味道，絕無僅有。在寒冷的冬夜喉嚨痛，流鼻水時啜飲，它的抗菌特性就可派上用場。

很少有比這更美味的方法來撫慰你，洋甘菊是例外。我以前非常不喜歡洋甘菊茶，直到我發現了一個克羅埃西亞的農場。我一直認為洋甘菊粉末太多，味道平淡，還有點苦澀，但來自亞得里亞海附近的明艷花朵卻甜美而芳香。此後我又在世界各地，由英國到智利，都發現了美妙的收成，不過不論是哪一種洋甘菊，都一定要包括整朵花——雄蕊、花瓣和莖，才能得到完整的味道。喝一杯在花朵成熟的盛夏時分採摘的好洋甘菊茶，就像喝了一片花朵盛開的草地。

一天下午，我們珍稀茶團隊的一名成員無心插柳，錯用溫度較低的水泡茶。我平常總是用沸水泡草本茶，以便溶解所有的精油，並帶出最鮮明的味道。但洋甘菊不同，它就和茶一樣，含有苦味的化合物，如果浸泡的時間太長，這味道就難以消受，但如果你把水溫降低，就不會有這種情況。所有最好的芳香物都在約攝氏七十度時溶解成可愛的催眠飲料。

沖泡洋甘菊茶
Chamomile Infusion

把水加熱到 *70° C*。每 ***150ml*** 的水用 ***2g*** 洋甘菊，浸泡 ***1*** 分鐘。洋甘菊花可以重覆泡茶。

第二十九章

西班牙 塔拉戈納
Tarragona, Spain

如泡沫般輕輕飄散的花朵，杏花茶

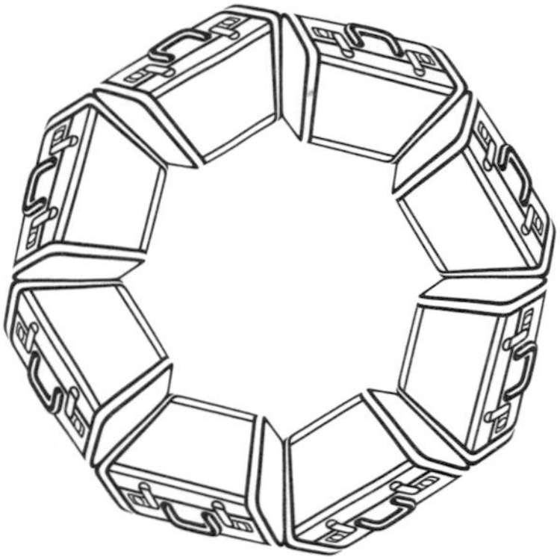

你把五、六朵乾燥的小花放入你的茶壺中，認定這少許的淡粉紅花朵除了熱水之外恐怕泡不出什麼味道，看來實在是沒什麼指望，然而它們卻風味十足。你可以自己收集這些花朵並把它們曬乾，不過實際上這做起來並不容易。這是我所遇見過最繁重的收穫。正是藉由這些花，我才認識了一位名叫費蘭的年輕農民，我說服他從他位於西班牙北部塔拉戈納（Tarragona，西班牙東北，地中海沿岸）的馬可那杏樹小樹林採摘花朵。起初他並不情願，但後來他品嘗了一下，它們可以泡出真正迷人的茶湯。

要得到杏樹花朵的最佳風味，花朵必須適時採摘，要在第一批花朵由光禿禿的樹枝上綻放，滿是花粉之時採摘。塔拉戈納離巴塞隆納不遠，在這片乾燥山坡上的早春經常刮風。強烈的陣風吹過樹枝，把花瓣灑落在風裡。我們的動作必須要快，由花芽初綻到滿樹花海的時間只有一周，我們永遠不能確定這會在什麼時候發生，必須隨時做好準備待命。杏樹的花虛無縹緲，花朵很小，嬌柔荏弱。這不是觀賞用櫻花的那種厚瓣大花。每一朵小花都必須個別用手工採摘。

我不常爬樹。如果你事先告訴我，要我爬上長滿苔蘚的樹枝，我一定會告訴你辦不到。我一向不擅長爬樹，即使在年輕時也是如此。我缺少平衡細胞（是的，在很多方面都如此），也無意要爬費蘭的樹。但就在我伸手可及不遠之處有一小枝花，所以我把一隻腳放在兩根樹枝之間的縫隙裡，爬了上去。把另一隻腳放在更高的樹枝上，我就可以搆到更多的花。我往下一看，才明白自己爬了多高，現在我已可以俯看果園和如泡沫般輕輕飄散的花朵。

當我們發現自己無法安全地搆到更細、伸得更遠的樹枝時，費蘭向鄰居借來了梯子。他設法借了兩架梯子，但我們有四個人在採花。我們用梯子爬上採花的位置，兩個人棲在樹上，另外兩個人則架著梯子往更外面的樹枝走去。我發現自己坐在樹頂上，遠遠高於我所能攀登的高度，頭頂是藍天，雙腿懸在長了一塊塊黃色苔蘚的扭曲灰色樹枝上，看起來確實有點可笑，但花朵卻觸手可及。

那天晚上費蘭的母親和祖母在農舍裡為我們做了晚餐，就在爐子旁邊。我的破南美西班牙語是在我住在玻利維亞期間沒用課本也無師自通拾來的，後來又因閃電意外而沒有再繼續，只能分享故事。他們拿家庭相簿給我看：如今孱弱駝背的費蘭奶奶早年身強體壯開墾土地的黑白照片。我們在爐子上用平底鍋把水加熱，用鮮花泡茶，並用篩子過濾來喝。

在鮮花收成後的那一周，花朵被鋪放在棉布床單上面，放在費蘭農舍樓上房間裡晾乾，我們仔細地翻動花朵，以免它們碰傷或腐爛。那年春天很冷，樓下費蘭廚房爐子裡的柴火散發出最幽微的煙吹到花朵上，加強而非減損了它的風味，並講述了它們來自哪裡的溫馨故事。

它的味道是淡淡的杏仁，帶有杏仁軟糖的香氣，接下來是蜂蜜的味道，然後是球狀朝鮮薊的乳脂味。奇怪的是在你煮朝鮮薊時，水會變得又鹹又苦，不能喝。朝鮮薊是一種難以泡出美味的花，但它卻找到了杏花這個親切的好姊妹。如果你能想像把朝鮮薊的精髓裹在奶油和蜂蜜裡，然後放在甜杏仁的核心，就能開始體會這種茶湯的美味。對於如此細小、素淡的花朵而言，它的味道卻十分濃烈。乾的花朵一旦碰到熱水，就開始軟化滲透。很快地，潮濕的花朵就像淡粉色的仙子一樣漂浮，你很容易就會發現自己張口結舌，拿著玻璃茶壺對著光觀賞花朵，看那顫動的花蕊和輕柔擺動的花瓣。

如果你擔心這會影響它產果，其實是多慮了。許多杏樹已經老了，不再生產優質的杏仁，但像這樣採摘杏花卻可以幫助疏果，效果很好。如果一棵樹生產過多的杏仁果，負擔就會過重，堅果會變小而且比較不好吃。採摘一些早開的花朵可以促進豐收，只是這個工作很費事。我知道費蘭認為它很麻煩，尤其這是在他一年中最忙碌的時節，農夫在春天有這麼多事要做，所以我前去幫忙。在明媚的春光下由芬芳的樹木採花並不是最糟糕的工作。

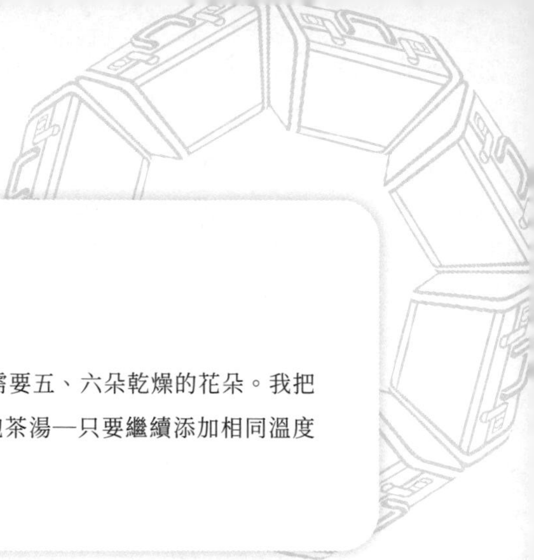

沖泡杏花茶
Almond Blossom Infusion

把水加熱至沸點，每 ***150 ml*** 的水只需要五、六朵乾燥的花朵。我把它們泡三至五分鐘。你可以泡到五泡茶湯—只要繼續添加相同溫度的水即可。

第三十章

狂歡之後的溫暖與慰藉，一杯好茶

英格蘭　薩默塞特郡 格拉斯頓伯里

Glastonbury, Somerset, England

我的帳篷搭在一輛裝滿雞肉的冷藏車旁邊。身為攤主的我們可以在我們的攤位後面紮營，置身人群中間。炸雞攤主就在我們旁邊，而我們又在一個舞蹈帳篷旁邊，離主舞台只要走幾分鐘。炸雞攤的冷藏貨車很吵，沒有片刻的休息，甚至在夜深之際，當舞蹈帳篷的低音重擊已不再穿越我們之間的地面傳來，它的冰箱發動機依舊咆哮，停止，然後再次咆哮，周而復始。接著是太陽，我們有幸擁有燦爛的陽光，沒有下雨，沒有泥濘，但在盛夏，太陽一早就升起，尼龍帳篷就變成了溫室。

我並沒有真正入睡。我躺在那裡疑惑自己在做什麼。

格拉斯頓伯里音樂節（Glastonbury Festival）的餐飲負責人邀請珍稀茶公司參與盛會，來泡好茶，我想不出拒絕的理由。當然，我得要搭建攤位，安排後勤，包括人員配置，在薩默塞特郡（Somerset）待六天。不過我並不擔心製作這種規模的原葉茶飲；我的團隊曾在格林公園（Green Park）的英國皇家空軍紀念館開幕當天，一小時內為包括女王和所有皇室家族在內的人群泡了五千杯英國皇家空軍茶。我很自豪。但我不知道參加格拉斯頓伯里這個節慶的人數達十七萬五千，我從來沒有來過。

那幾天是為眾多口渴的人群泡茶的混亂日子，他們發現我們在那裡都非常吃驚。展台上方有我們的巨大橫幅廣告揮舞，上面寫著「珍稀茶——帶給你好東西」，確實如此。在酒和瓶裝水的汪洋中，唯一另一家提供的茶是裝在溫水裡漂浮的袋子裡，因此我們很受歡迎。

我的侄子詹姆斯和他的幾個二十多歲的朋友也在那裡。在我們關上帳篷打烊後，我和他們一起去聽音樂和跳舞。音樂節在廣闊的場地徹夜進行，直到灰白的黎明。詹姆斯會很貼心地陪我穿過因露水潮濕的寒冷草地，走回我的攤位。

就在安靜的清潔工大軍穿過農場清理垃圾時，迷失的狂歡者像殭屍一樣四處遊蕩。他們的神智太恍惚，記不起自己的帳篷在廣闊場地上的哪裡，這些臉色蒼白的遊魂找不到朋友、丟掉了錢包，迷失了道路。他們在汗濕的T恤中顫抖，像飛蛾一樣撲向我閃爍的燈光。如果我把他們留在外面不管，只顧自己爬進睡袋，未免太無情。盛載雞肉的貨車還在怒吼，太陽很快就會升起。我燒起水壺泡茶。無論如何，我需要一杯茶。

他們受到沉睡攤位中唯一的燈光所吸引，猶豫不決地走近。

「你有什麼？」

「茶。」

「不會吧！真的？」

「是的。熱茶。你要一杯嗎？」

「多少錢？」他們在緊身牛仔褲空空如也的口袋裡摸索著，用睜得圓圓的眼睛看著我。

「來，喝一杯。沒關係。」

「不會吧！真的？」

「是的。你看起來需要一杯。」

我的情況只比他們略微好一點點。我們擠在一起，圍著溫熱的杯子，裡面裝著救援和慰藉的飲料。他們本來就要倒下來了，但茶在他們倒下之前接住了他們。

他們離開時，蒼白的臉頰已經有了顏色。在那些加了少許糖和全脂薩默塞特牛奶的茶裡，他們得到了尋覓帳篷和朋友的耐力；他們不再迷失，只是在上床睡覺以消除自己過分放縱的路上。它使我想到二戰時把茶水運到滿目瘡痍城市的貨車。如果我有財富可以揮霍，就希望能把茶送到難民營。我希望能有一個供應茶的災難復原單位，有專門的飛機和設備，讓我們可以到災區去，在現場分發茶。適當的茶可以養心，在看似失去一切之時，並沒有真的失去一切。

第三十一章 你的臥室

Your Bedroom

每一口茶都放鬆了我孤立的束縛

雖然我經常獨自赴地球另一端遙遠而陌生的地方，但我很少害怕。在我出發冒險之時，感到的興奮遠勝於恐懼。但我並非一直都很勇敢。我在這裡很局促不安，陪著我的只有你。

在自家安全的床上，我感覺到的恐懼遠超過獨自在陌生城市的後街，或搭乘老舊的公車顛簸上下山，或者在泥土路上俯視危險的陡坡。有時，突如其來而且莫名其妙地，一股不安的感覺襲來。在那些時刻我迷失了自己，腦中感到膽寒，畏怯在心裡向前或向後邁出一步。

我想你知道那種感覺，它不時會吞沒了我們大多數人。它往往在黑夜中降臨，不知從何而來。在外面的世界和在公司裡，我可以運用幽默和開朗作為支柱，真實的，有形的問題很少會讓我沮喪太久。然而，無緣無故地，有時在夜裡我會發現自己沒有任何一個明朗的念頭。我是在廢棄瀝青網球場上瑟瑟發抖的野草。

茶未必能解決這個問題，但它總能提供幫助，而且遠比一瓶威士忌要好得多。

當我在暗夜的恐懼中喝到真正美味的茶時，就不會再那麼孤單。每一口茶都放鬆了我孤立的束縛。我嘗到了茶園，想到所有種植、收穫和製作茶葉的男男女女，我感受到了與世界各地所有喝著好茶的人的聯繫，他們可能像我一樣獨自一人在夜裡。

我不怕咖啡因讓我保持清醒。在那些時候，睡眠不是安慰，它會愚蠢地把我拖入我的心智所能挖掘出來所有無謂憂慮和尷尬，陷入永無止境的重複中。儘管焦慮削弱了我的意志，威脅著要讓我癱瘓在扭絞的床單裡，或者在無從安慰的懷抱裡，但我學會了勉強自己起身到燒水壺邊。我洗臉梳頭，自憐使我醜陋。我穿上漂亮的衣服。現在不是粗陋實用的時候，你需要最美好的事物圍繞在身邊。當然，你需要你最可愛的茶杯，這不是裝在馬克杯裡的安慰茶，這是對沒有安慰的世界的拯救，平常的事物不會有效。你需要你最珍貴的茶壺，你最珍愛的茶。在黑暗中，有你的燈的光芒，和你手中杯子的美麗，和茶的溫暖。我正在想像你的模樣，想知道你選擇了什麼茶以及你穿著什麼樣的衣服。你披上了一件絲綢的晨褸，你女朋友的內著，用你情人的西裝外套搭在你裸露的肩膀上，喀什米爾披肩，你裹在亞麻床單，柔軟的毯子，一件你永遠沒有機會穿的長款晚禮服，你為婚禮做的西裝。

雖然獨自處在一個可怕的世界，但你並沒有茫然無助地在床上顫抖，而是筆直地坐在那裡。你的雙手溫暖地圍著杯子，你的嘴唇熱乎乎地喝著美味可口的茶。

誰會想到一片不起眼的葉子可以達到如此美味的高度？幾千年前有人把由茶樹提取這種喜悅的方法做到盡善盡美。它來自人類心智的想像，看似不可能，不確實，然而你就在那裡，喝茶，生氣蓬勃。

第三十二章

中國 福建

Fujian, China

滿室馨香的浪漫，茉莉銀針

在情意綿綿的美好夜晚，我建議泡一壺茉莉銀針。

如果你的意圖是誘惑，這就是茶世界的春藥。

並非所有的茉莉花茶都一樣。你可以拿便宜的紅茶添加茉莉花的香味，或者用茉莉花油浸泡。你可以用任何茶，添加合成香料。你可以加入乾茉莉花，讓它看起來自然。一把花散落在茶裡或許可以作為預告，但你需要很多花才能為茶添香，少量的花朵頂多只能散發出最隱約的氣味。

如果它的味道聞起來像合成的，可能真的就是合成的。我不會嘗試用上述這些茶來引誘任何人。它們可能適合中國菜的宴席，和菜餚競爭，吸引你的味蕾，但在安靜的家裡，終於和你心愛的人單獨在一起，這時感官的焦點是敏銳的。

珍珠茉莉花茶或許很好，用蒸過的葉子卷成緊密的球狀，在浸泡時舒展。要軟化葉子必須要用蒸的，這樣它們在滾動時就不致裂開，可是這卻使它們變成較澀的綠茶。這些珍珠雖漂亮，但卻是次級品。我這麼說並不是勢利，只是建議你為你想如此親密分享的人採用最好的東西，盡你所能地做好準備。如果你只選次級品，可能就該質疑自己的意圖。我會選擇有茉莉花香的銀毫。

熱水一碰到這種茶，就飄逸出茉莉的芳香。不是濃郁的香水味，而是芬芳的夏季花園在溫暖長夜中散發的柔和香氣。

在泡茶的同時，你可以講述創造它的浪漫故事。

茉莉銀針曾是保留給帝王的珍品。福建省民必須向皇帝獻上他們所生產最好的東西，作為對天子的貢品。中國每一個地區都得繳納貢品，從最好的絲綢和瓷器到珍貴的玉。福建人選的是有茉莉香味的白毫。據說皇帝對這種茶非常著迷，因此小心翼翼地為自己和宮闈保留它，不允許任何比較低等的凡夫俗子享受它令人陶醉的喜悅。

在福建的一個炎熱夏夜，我從窨花室[14]出來，聞起來就像是中世紀的交際花，她們常把自己關在布滿花瓣的房間裡，好讓肌膚沾上香味。那個黃金午後，我消磨在茉莉花田裡，混在彎腰收穫鮮花的採花人之中。用於添加香味的茉莉品種是灌木，而不是會纏繞的爬牆植物。一排排深綠色的樹叢點綴著星光般的白色小花，採摘的人緩慢地移動其中。每一朵花都必須仔細挑選：花朵一旦開放，香味就會消散；如果花朵太嫩，香味就還沒有完全開展；如果花苞卷得太緊，當晚它在香味室裡就不會綻放。

就像銀針茶一樣，茉莉花是在成熟的花苞即將綻放的那一刻收穫的。隨著夜幕降臨，大量裝滿了將綻花蕾的籃子被送進窨花室。一箱箱自四月起就被厚厚的鋁箔包住，小心儲存的白毫銀針也送了進來，袋子一開，清香撲鼻，在這炎熱而潮濕的夜晚宛如一陣涼爽的春風。深籃子裡裝滿了茶葉，而其他的籃子則裝滿了茉莉花。

一個年輕人站在一個直徑有手臂那麼長的竹編圓籮筐前，他由裝茶的籃子裡輕輕舀起一把又一把滿溢的銀針茶葉，灑在籮筐上，直到它們覆滿籮筐。接著他轉向裝滿茉莉的花籃，灑下一層茉莉花蕾，直到花蕾蓋滿了狀如絨毛的銀針。在這上面，他又灑下一層茶葉，直到覆蓋了全部的花蕾。這樣反覆六層之後，籮筐已經滿了，他停了下來，開始下一個籮筐。在他忙著裝滿籮筐時，隔壁房間裡穿著塑膠靴的男工則在石頭地板上鋪了大約半個網球場大小的棉布床單，用手推車把紅茶倒在上面，再用鏟子把茶均勻地攤開，大約有八公分厚。接著他們再用手推車把茉莉花推進來，其中許多花朵已經開放，這是比較沒有特別挑選的花朵。他們用鏟子把花鏟起來，覆蓋在紅茶地毯上。當天稍晚一點，他們會回來混合茶和花，用鏟子把茶葉和花朵拌在一起。他們解釋說，這茶是提供餐廳之用，雖然不如白毫銀針，但仍然非常有價值，因為它有真正的花香味。

裝滿銀針茶深籃子的房間封了起來，把茉莉花留下來和茶葉混在一起過夜。在炎熱的六月夜晚，花苞綻放，散發出香氣。銀針茶柔軟的絨毛捕捉到它們的香味。

在共度一夜之後，到了早上，花朵遭到拋棄。就像冷酷的情人，把凋零的花朵扔到一旁，茶葉則經仔細分揀，去除每一個花朵。潮濕的花朵比乾的茶葉還重，在輕輕過篩時落下，接著人們再用手除去任何沒篩掉的散落花朵。第二天下午，人們摘下更多的花蕾，已經吸收茉莉香氣的茶第二次被攤在地上，配上新鮮的花朵。整個過程重複了六個晚上；每一晚都有鮮花送來，和茶混在一起，每天早上，再把鮮花除去。到第七天早上，茉莉銀針已經準備好了。

清新的茉莉花香從你的杯子裡飄上來。你舉到脣邊的飲料罕有比這更可愛的了。

14編注：讓茶沾染上花香的工藝稱為窨花。

沖泡茉莉銀針茶
Making Jasmine Silver Tip Tea

每 ***150 ml*** 的杯子用 ***2 g*** 茶葉。把水加熱至 ***70° C***，浸泡 ***90*** 秒。

第三十三章

蘇格蘭西南　艾斯克戴慕

Eskdalemuir, South-West Scotland

我的茶友，三昧耶林寺的安妮・迪琪

我們回到起點蘇格蘭西南部，談談對我的茶葉人生影響至關重要的另一位人物。我和她只見過一面，在一個潮濕的秋日，離黛安娜家不遠。她名叫安妮・迪琪・帕莫（Ani Dechi Palmo），曾經擔任薇薇安・魏斯伍德（Vivienne Westwood）的服飾設計師。在一場可怕的車禍後，她改變了自己的生活，由倫敦遷到西藏境外最大的藏傳佛教寺院——艾斯克戴慕（Eskdalemuir）的三昧耶林寺（Samye Ling）。

我不記得是誰最先介紹我認識她，但當時

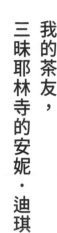

我正在為《衛報》拍關於茶的影片。

安妮．迪琪所在寺院的住持為每一位僧尼都分配了工作，她負責崗哨，大多時候都獨居在寺院邊緣的一座石塔裡，任務是祈求上蒼保護寺內的人。她的食物會送到門外，她不和人交談，雖可以自由地離開她的塔樓，在綠地、長滿蕨類植物的空地和潮濕的森林裡漫步，但卻受沉默的誓言束縛。緘默的期限可以持續數年，但也有例外。每年聖誕節她會去倫敦拜訪薇薇安一家人，而且她和我談茶，並繼續和我通信聊茶。

她塔裡的房間太小了，幾乎不能躺下來，但有燃木火爐和藏紅花色的地毯和墊子取暖，看起來比較像是酒館裡舒適的小房間，而非牢房。我們談到隔絕與逃避，她解釋說，很多人都以為選擇尼姑生活是為了逃避嚴酷的現實，她為這種想法而發笑，裹著橙色長袍的嬌小身軀輕輕地搖晃。她的藍眼睛在剃了光頭的蒼白臉龐上閃閃發亮。在我們一起喝茶的那段時間裡，我們笑得很開心，但讓她覺得最可笑的是與世隔絕可能是一種逃避。她告訴我，世界上最困難的事，就是心無旁騖地面對自己，在我看來，這實在難以想像。

我的一天充斥著許多讓我分心的事物。儘管有這麼多事需要思考，我卻覺得自己幾乎沒有時間去想。雖然我曾嘗試靜坐，而且也一直持續這麼做，但我對此非常非常不行。寫這本書是一種折磨。而安妮．迪琪是靜坐大師；幾十年來，她已能與自己和平相處。要是我能形容某個人歡喜自在，那就是她。

她容許自己享受的一種奢侈是茶。泡茶是精確的儀式，是需要高度集中注意力的儀式，因此她把它描述為一種冥想。她泡茶時，思緒由喋喋不休的念頭歸為明確的重點。接著是喝茶的強烈滿足。一天中大部分的時間，她都是跪著或盤腿而坐，她的背時時都保持挺直，頭抬得高高的，那個姿勢和筆直能讓她維持注意力，使她在祈禱或冥想時不致墜入夢鄉。她唯一允許自己坐下來，向後靠在橙色的枕頭上放鬆的時候，就是在啜飲茶湯之時。

十多年來，我一直送茶給安妮．迪琪。有趣的是，她喜歡的並不是刺激性的茶，而是野生的南非國寶茶，這是一種不含咖啡因的香草植物。她不像數千年來藏傳佛教的僧侶那樣飲用綠茶來幫助冥想，而且她也是比偏愛抹茶的日本和尚好得多的同伴。安妮．迪琪教導我真正的藥物是滿足。

第三十四章

革命
Revolution

你可以用好茶改變世界

幾年前，英國一家小報的記者質疑我，說茶就是茶，唯一的差別只在於價格、漂亮的包裝和吹噓誇大。我帶他去當時略顯破舊的倫敦市中心國王十字（King's Cross）車站附近的刺青工作室。工作室的老闆是個面目凶惡，但性情溫和的先生，名叫謝勒頭（Xed Le Head）。他的臉上有刺青，全身也都有刺有圖案。他熱愛好茶。

店裡其他的刺青師傅和他們的顧客遠比他們的外表友善。我為每一個人都泡了兩馬克杯的茶，一杯用的是普通的茶包，另一杯則是用我的原葉英式早餐調和茶。我問他們能不能嘗出兩杯茶的不同，以及他們比較喜歡哪一杯。大家異口同聲都說他們喜歡原葉茶。即使不是味覺訓練有素的廚師或侍酒師，也能辨識出好的東西。

所謂好茶，我指的是由技藝精湛的職人團隊製作出最好的風味，在一個茶園裡種植、收穫和精製，讓茶葉有最美味的表現。我不會稱為好茶的茶是在商業種植園所生產，由擁有大型機器的大型農企業為追求最低價格和最大產量而製作的茶。

商用茶包的銷量正在衰退，即使在英國也是如此。我們追求的是不一樣的茶。綠茶和草本茶的銷量迅速成長，可愛的原葉茶不再那麼深奧難解或者可遇不可求。我們有很多選擇，不受過去或配給的束縛，一切都在那裡等我們享受。

如果我告訴你：你很重要，這並不是要拍你馬屁：你很重要，的確很重要，你想要得到的是什麼很重要。你可以用好茶改變世界。

不要有壓力，各位。我不想嚇唬你，但就像娜妍、畢佛莉、莫瑞斯、拉賈和亞歷山大一樣，我看不出其他的辦法。他們指望我們，他們並不期待我們不求回報地做慈善；他們是為我們提供了非常好的東西。他們製作更有價值的茶葉，換取更好的價格。我們不必為了想要拯救他們而購買他們的茶，他們不是在尋求施捨或救助。他們希望自己創造美好事物的努力能為我們帶來我們樂意支付的物品。而你只要嘗嘗看，就能明白這些革命者沒有錯。喝一口他們的茶，未來看起來就會更有希望。

問題不在於供應，在於需求。

選擇好茶，直接由自農民的茶，而不是來自匿名的中間商。那個選擇將會有多方面的連鎖反應。你將會是支持世界各地的社區，人們努力擺脫貧困，追求可持續發展的未來。你會協助保持高超的技巧，並防止製茶的工藝在機械化之下消失。你甚至可以迫使大企業集團改變他們做事的方式。

同志們，這是戰鬥的召喚。

而且這個召喚並不艱苦。選擇喝好茶，我們或許可以藉此改變世界，並且為我們自己帶來最大的快樂。

這是一場快樂革命。

後記

飛越北海

Over the North Sea

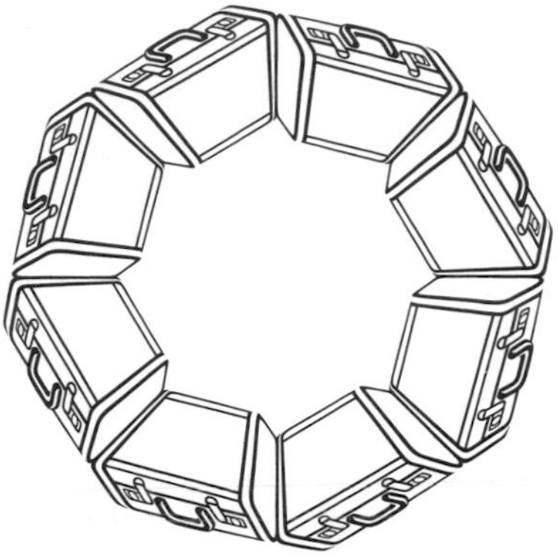

我在由哥本哈根返回倫敦的飛機上寫這段文字，雖然心裡感到快樂，但身體卻有點不適，不由得對未來心生疑惑。

我曾在飛機上有過更糟的感覺。在切除卵巢手術後十天，我經衣索比亞飛往馬拉威。他們切除我的卵巢，是因為擔心它們會致死。**BRCA2** 基因突變讓我也容易罹患卵巢癌，在我第二次患乳癌之後，我那淘氣的基因已經搗蛋到我非得採取謹慎手段不可的程度。在飛往亞的斯亞貝巴（Addis Ababa）的班機上，我仍然有些不舒服，不得不大量服用可待因（Codeine，鴉片類止痛藥），並不時地把血液稀釋劑注射在自己的大腿上，以防止凝血。但能在灰色的二月離開倫敦，而且因此有太多時間而沒空專注在我所失去的東西上，感覺很好。

當時「珍稀茶」的一位主要客戶前往附近的肯亞，我說服她繞道去馬拉威。我得要向她介紹塞特瓦莊園，以及種植茶葉的真正意義：無比的艱辛與美好；為脆弱的小眾市場製作優質好茶；非常現實的奮鬥。只要她能看到我所看到的，她就一定會像我一樣獻身於這個美好的目標。我非去不可。我去了。我很好。

從那裡，我飛回家待了一周，然後赴紐約拜訪一些客戶，再橫跨美國到洛杉磯、舊金山，再到墨西哥。我飛回倫敦只是為了要轉機去香港。這條路線非常曲折，但在倫敦轉機要便宜得多。

我為了春茶橫跨中國，旅行了五千公里，接著回到倫敦辦公室，待了兩周，然後又回到日本，為了我舉辦和主持的茶餐配對晚宴。接著我參觀宇治，拜訪抹茶業者。

到夏日開始，我回家休息。我筋疲力竭，而且無法入睡。我以為自己會發狂。我無法思考，只覺得自己正在喪失自我。我會在最不合適的情況下突然疲憊不堪，不得不躺下。最尷尬的一次，是躺在餐廳廚房的不銹鋼流理檯上，就像那是太平間一樣，讓廚師不知所措。我只能繼續前進，繼續發展業務。我覺得自己快要撐不下去了。

我聘請了一位總經理，這是我所做過最好的決定之一。我們請了更多的員工，他們精明強幹，熱愛茶，也相信「珍稀茶」與茶農一起和為茶農所做的一切，都在利潤和個人利益之上。終於，我開始睡得比較安穩了。我完成了本書的初稿。業務欣欣向榮。

接著在一年之後，在我春天穿越喜馬拉雅山，往下行經印度到斯里蘭卡之後，我回倫敦作另一次手術。只是個小手術，不太嚴重，沒什麼好擔心。手術歷時兩個小時，麻醉劑只讓我昏睡了幾天。一周後，我又回到工作崗位上。十天後，我赴哥本哈根。我原本並沒有計畫要在離行程這麼近的日子動手術，但很幸運地，因為有人取消了和我的國民保健署外科醫師安排的手術，因此我很高興地把握了這個機會，完成了手術，而不是讓它像一群蚊子一樣圍繞著我。而且我要去的又不是非洲。我會沒事的。

我花了一天的時間拜訪我所有的餐廳顧客，品嘗茶和菜餚，走過這座陽光燦爛的城市：在萬里無雲的天空下，行經焦橙色的牆面、蜀葵和螺旋塔。只是開刀的傷口讓我不能和其他泳客一起跳進運河。

我在諾瑪餐廳吃晚餐，餐後我的精力徹底用光了，我到了疲憊的盡頭。我一直很開心，欣喜若狂。食物，朋友，酒，茶，這一切的歡喜。我一頭撞上了牆，彷彿它是透明的玻璃，而我在向前衝刺時卻看不見它。我到外面呼吸新鮮空氣，我的腿軟得像甘草糖。血液衝上我的頭部，我的心像飛蛾拍翅一樣狂跳。我不舒服。

那是昨天。我將在五天後飛往紐奧良為今年的「雞尾酒故事」演講。接著再由那裡赴波士頓和紐約，然後還要編輯這些文字，還有一間大型旅館要在上海開幕，我們要到中國銷售茶葉。要是中國人認真看待錫金、梅加拉亞邦、尼泊爾，和馬拉威的茶呢？那會是什麼樣的革命，是多麼光榮的努力。我非得去不可，怎麼能不去？而且你知道我會愛上此行的每一分每一秒。

我不確定自己會變成怎麼樣，我能不能找出一點辦法。我很固執，我希望自己不屈不撓。有時候我會想到自己不僅僅是茶女士，但我才剛剛開始發現那背後有什麼意義。

泡一杯好茶

Making a Good Cup of Tea

茶：茶葉與茶包

好茶是散葉而可愛的，會讓你的生活充滿快樂。

茶包雖可能很實用，但它永遠不會真正美妙。或許你會爭辯說，人人都用茶包，但儘管用茶包者看似人多勢眾，在歷史和文化上這些數字卻是反覆無常的。在中國，大多數人都喝原葉茶，就像我們過去在英國一樣。茶包是一九〇五年左右在美國發明的，一九六八年，英國只有三%

的家庭使用茶包，對於真正愛茶的國家來說，茶包未免太功利了。到了一九七〇年代，我們對於「未來食品」開始著迷：塑膠袋裡盡是防腐劑的白麵包；脫水馬鈴薯泥；和你只需要加水的顆粒咖啡，彷彿你是太空人一樣。雖然轉變到「現代」袋包的發展十分迅速，但我們或許也能以同樣快的速度逆轉這個趨勢。如今我們又回到了偏愛由麵包師傅做出的真正麵包、咖啡豆和真正的馬鈴薯。現在該輪到茶轉變的時候了。

我曾嚴詞抨擊茶包裡的漂白劑、膠水和廢物，尤其是那些用塑膠製成的金字塔型「絲質」茶包，像月經帶一樣懸掛在杯子的一側。有些是用比較沒那麼討厭的玉米澱粉製的，但在資源有限的世界裡，這種作法似乎浪費得沒有必要。把樹變成紙或把玉米變成細網，都需要用到工業化學品；為了讓它變白，使用了漂白劑；讓它堅韌，使用了塑膠，是的，即使在紙袋中也是如此。

但有的人確實愛用茶包，而我不想挑撥任何人或讓任何人不高興。所以讓我解釋一下原葉茶的優點。

茶葉有很多好處。你可以用好茶葉泡幾泡美味的茶湯，而不僅僅是用茶包一次就把味道泡盡。你可以毫不客氣地貶低茶包，稱之為茶世界中的蕩婦：一下子就完全屈服了。原葉茶更像淑女：她可能需要長一點的時間，但有更多可以提供的東西。

每次你重泡好茶葉，它都會顯露出不同的微妙風味。有些茶，如烏龍，一茶匙茶葉就可以讓你泡出六杯茶——每一杯滋味都不同，而且比前一杯更美味。安溪的一位年紀很老的茶農曾對我說：

> 第一泡的茶湯給你的敵人（他們把這很快的一泡棄而不喝，這一泡是為了軟化並讓緊緊卷起的茶葉展開），
> 第二泡給你的僕人，
> 第三泡給你的妻子，
> 第四泡給你的情婦，
> 第五泡是給你的生意夥伴（因為生意比享受更重要），
> 第六泡你留給自己喝。

原葉茶是鬆散的，因此能夠以適當的方式沖泡。好的茶葉雖可能破裂，但依舊可以辨認出它們是茶樹的樹葉。它們乾燥時會收縮，添加熱水之後則會膨脹。茶包則不會膨脹太多，因為它裡面的茶是通常是工業製造的次級片茶（fanning）——都是表面積，沒有體積的小片茶葉。與這種碎茶屑相比，原葉茶的表面積與體積比（surface area-to-volume ratio）非常低，它需要展開的空間，讓水滲透它軟化的表面。

如果原葉茶被擠在茶包裡，不論是多麼薄的紗，或者夾在金屬濾茶球中，或者卡在小濾茶器裡，它都沒有移動和被水包覆的空間，但它確實會膨脹、膨脹再膨脹。好的烏龍茶葉沖泡後可能會膨脹到乾葉時的二十倍大以上，必須要巨大的茶包才能讓裡面的茶葉沖泡得當。

原葉茶能多次沖泡，因此它比你在看到大盒茶包旁的小罐茶葉時所想的容易負擔得多，但好茶理所當然會比較貴。最好的起司、橄欖油和葡萄酒的價格都比較高。我們明白，要製作出最好的口味，必須投入大量的技巧、專業知識、時間、勞力和心思。它們的製作成本更高，而我們了解其中的價值。奇怪的是竟有人會質疑為什麼我們這麼珍愛的茶葉也會有真正的價值。即使它的價格比較高，如果我們把它分解，用一杯的價格來計算，那麼非常好的原葉茶也才只要幾便士，遠低於你在大街上買一杯咖啡的價格。

為這種以極度用心和非凡技巧製作，因而美味非凡的東西多花幾便士，是相當低的代價。你或許不會每一杯茶都用好茶葉，但偶爾泡壺好茶並非完全不可能。

原葉茶也給了你一些自主權。這不是自以為高人一等，預先幫你量好的茶葉，彷彿我們是嬰兒或傻瓜一樣不會用匙量茶似的。如果你每天泡茶，就會很擅長估計自己喜歡的適當茶量，而且你也可以根據自己的需要和欲望改變茶葉量。

這種自由有很多值得熱愛之處。在茶包出現之前，人們買自己喜愛的茶葉，他們可以購買已經混合好的茶，或者，如果他們想要，也可以自行調配單一莊園的茶葉，以適應自己特殊的口味，配合享受的時刻。

茶壺和杯子

泡一杯完美的茶需要幾分鐘，但時間不會比那再多。你可以在等待吐司跳起來的時候泡茶，你可以在辦公室要讓眼睛離開那吸人的電腦螢幕休息時泡茶。在茶葉展開和軟化時，它為你提供片刻的歡愉。

八世紀詩人陸羽寫到，要享受美味的茶宜用瓷杯，最好在蓮花池畔，有佳人陪伴，你可能更喜歡有公子相陪。蓮花池並非必要，但若能使用漂亮的用具可能更好。再沒有比在珍貴的茶壺中精心沏茶，再倒入薄口沿的茶杯裡更教人愉快的體驗了。

就像酒杯一樣，你端到嘴邊的薄口沿茶杯讓你對杯裡珍貴液體的感覺更溫柔。口沿觸感就像精緻杯子的外觀一樣重要。寬的杯緣容許香氣向上散發，在你開始品嘗之前就包圍你。

我二十多歲在南美遊歷之時，曾在阿根廷布宜諾斯艾利斯一間搖搖欲墜的民宿逗留了幾天。其中一個房間裡住的是一位飽經風霜的迷人老嫗。她看來就像洛琳．白考兒(Lauren Bacall)，靠在門廳的一張破藤椅上，她纖細的四肢總是罩在絲質睡衣裡，懶人鞋上飾有粉撲羽毛。一天下午，她邀我到她的小房間喝茶聊天，但要我自帶茶杯。我有一個藍色塑膠馬克杯；她則用一個骨瓷茶杯和繪有凋零花朵的碟子。她沒有茶壺，而是在露營用的瓦斯爐上用鍋子燒水，加入茶葉，然後仔細地用濾網把茶湯濾進我們的杯子。

她的房間很整潔，幾乎是空的。她的東西都經過細心安排：一把銀背髮刷、一支香奈兒口紅、一個鱷魚皮手提包，幾件好洋裝掛在門後，一雙麂皮絨面的高跟鞋。我可以把她所有的東西全部都裝進我的背包裡。她不像我帶著皺巴巴的破爛家當在這個大陸上遊走，而只保留了幾件珍貴的物品。

她幾乎失去了一切，和背包客同住在破敗的旅館裡，但她仍然擁有一些寶貴的東西：不斷地與行經此地的過客交換而來的新書；可以傾訴她人生巨大悲劇的新聽眾；和帶著尊嚴飲用的茶。

我曾遇到過有人提出異議，認為用茶壺泡茶非常困難。如果你會用法式濾壓壺，那麼茶壺絕不會比濾壓壺複雜。數千年來，人們一直都用茶壺泡茶。我有時會碰到有人問我如何處理茶渣的問題，只要把它們倒入水槽濾網，或是放在水槽裡的篩子。在倒茶渣時，這些未經漂白劑或塑膠或膠水或線繩或訂書釘污染的茶葉用作堆肥非常理想。它們可以直接倒入你玫瑰下面的土裡。

至於旅行或緊急情況，你可以用未經漂白、紙製的大沖茶袋，把原葉茶放進去。選擇最大的尺寸，大到可以填滿整個杯子，讓茶葉可以膨脹和移動。但這樣做總免不了會有一點紙的味道。它們只是茶壺的替身，而且最好先作好準備，危機時就可派上用場。我總是隨身攜帶一個值得信賴、不會打破的藍色琺瑯鍋。

通常我不會使用銀器，因為銀是非常活躍的金屬[15]。如果你把銀叉放在嘴裡嘗一嘗，就會發現它有味道，和不銹鋼的不同。因此，不銹鋼茶壺雖然不像銀茶壺那樣迷人，卻可以泡出更好的茶。銀會與茶葉發生反應，對脆弱的白茶產生相當大的影響。如果你喜歡正山小種這種味道濃郁醇厚的茶，就比較沒有問題。玻璃和陶瓷也是中性材料，適合用來喝茶，但是如果你想用瓷器茶具泡一種以上的茶，一定要確保它有上釉。有氣孔的茶壺會吸收你泡在裡面的茶的味道。

15編注：此處補充審定老師的意見供讀者參考——台灣、中國地區茶人普遍認為不鏽鋼會有金屬味，而銀器接觸液體會釋出銀離子，使液體變甜，因此反而是茶人追捧的茶具。

水

你需要富含氧氣的淡水幫助溶解茶裡最好的味道。水壺裡所剩下任何已經燒開過，平淡無味的水，氧氣都已消散。如果你能在水槽下面安裝一個濾水器，那就再好不過了。水越好，茶的味道就越好，而且這樣泡出來的茶也會更少難聞的氣味或氯氣的味道。如果你在水壺裡只放需要的水量，而不是直接把水壺加滿，茶就永遠是新鮮的，這也能節省時間和精力。

關於公平貿易的簡要說明

我不相信在包裝上的一個標誌就能保證這茶會是好茶。公平貿易遠不止是一個符號而已。

我按照農場設定的價格向它購買農作物，而不是按照商品市場設定的價格。高品質、手工製作的茶價值是商用茶價格的十二倍。

珍稀茶公司獲得公平貿易認證時，農民每公斤茶葉可額外得到幾分錢，但那幾乎沒有影響。我們付給經營公平貿易組織的錢——我們售價的百分比，運費，調和和包裝，比付給茶農的多得多。他們在倫敦市中心有非常漂亮的辦公室，還有龐大的行銷預算。然而，公平貿易市場正在衰退。

我把公平貿易認證由珍稀茶公司的標籤上取了下來，把銷售額的一定百分比投入「珍稀慈善」機構，直接支持農場上的教育。

我不想讓自己遭到指責，因此引用茶農的話如下：

馬拉威第一位公平貿易農民亞歷山大．凱伊說：「這不是銀彈。」

印度的拉賈．巴內吉說：「我認為公平貿易是基督徒看事物觀點的延伸。你看著某人的行為，決定這是好是壞。好的行為就被譽為上帝的作為，壞的則被當作是魔鬼的行為。按照這些想法，公平貿易被認為是公平的，因為它迎合了由公平貿易信仰的教士所決定並認可的 XYZ 規範。不過我可以證明，光是遵守這些 XYZ 規範，並不能保證真正公平的產品。」

我會朝比這種標誌更遠大的角度來看。它通常只不過是一種負面的行銷策略，雖然得到推廣，卻並沒有真正地關心農業社區。正如我提到尼泊爾的情況，有機認證的過程有時也是如此。

調味茶注意事項

我更不相信你能由加味的東西中泡出好茶。

水果味茶包的盒子上可能會說，「使用全天然成分……無添加糖」，成分表上可能寫著，「紅茶、天然草莓、覆盆子和其他天然香料、朱槿、蘋果片」。

在你在成分表上看到「天然香料」時，你不確切明白它們包含什麼，製造商也不必告訴你，因為它們被當作是商業機密。我們只知道這意味著它是在實驗室中設計的東西。在「天然」草莓香料中幾乎可以確定沒有草莓。艾瑞克．西洛瑟（Eric Schlosser）在《一口漢堡的代價》（*Fast Food Nation*）一書中說得很好：「天然和人造香料如今是在同一家化工廠製造，很少人會把這些地方與大自然聯想在一起。把這些風味稱為『天然』，需要對英文這種語言有靈活的態度，以及相當大的諷刺。」

我請了一間實驗室分析了一種味道像草莓糖的茶。它來自一家著名法國茶葉公司，裝在漂亮的錫罐裡。我想知道它怎麼會這麼甜。實驗室的員工發現它的甜味來自噴在茶葉上的果糖，他們告訴我這是完全可行，並且合法的作法。成分表上確實提到茶葉裡有水果，因此由水果衍生的糖合法。但這種作法很狡猾。至於味道呢？實驗室的一位員工直截了當地告訴我：「如果你把一片草莓乾放入熱水中，它不會讓水有草莓糖果的味道。你得用草莓香料才能辨得到。」

調味香料也會掩蓋劣質的茶葉。如果說茶裡的水果片和漂亮的花朵是為了分散我們的注意力，迷惑我們，哄騙我們陷入一種可愛、天然，美麗的安全感，也不為過。而且這樣做還可以增加茶葉的重量。

我寧願喝沒有噴灑任何東西的純茶或香草。我要知道在我杯子裡的是什麼，而且沒有那些加了黏膩怪味黏液的茶，我會更高興。我曾在一個調和茶的地方看過它的調製方法，它裝在非常昂貴的錫製茶壺裡，不過有趣的是，那些調味香料倒很便宜。

也有例外，例如伯爵茶。但那應該是關於添加純精油來加強而非掩飾風味。我並不是說俄國人不該在他們的茶裡加果醬，或者英國人不該加牛奶和糖。它們是可靠的添加物，是你親自添加進去的，你很清楚它們是什麼。

我曾經痛批說，法國人不會在他們的葡萄酒裡放調味料，那麼為什麼他們要在茶裡這樣做？直到我喝到了皇家基爾（Kir Royale）——香檳加上少許由黑醋栗、酒精和糖製成的黑醋栗糖漿，它不是調味劑或在實驗室製作的黏稠液體，而且如果它好到足以搭配香檳，那我還有爭辯的資格嗎？我終於停止了抱怨，而想出了一個解決辦法。

如果你想要水果茶，何不製作真正的水果茶？於是我與果醬製造商史凱・克瑞柯奈爾（Sky Cracknell）合力製作糖漿，她在倫敦有一家名為英格蘭果醬（England Preserves）的傑出公司。她經常帶著年幼的兒子比奇斯・梅里韋瑟（Beaches Merriweather，beaches 是沙灘之意）一起來辦公室。很難不喜愛用沙子和藍天為她那金髮碧眼漂亮嬰兒取名的女人。他很小的時候總是在空的茶葉盒堆裡快樂地玩耍，而我們則在一旁做實驗。

史凱現在為我做的糖漿只有水果和糖。你自行為你的茶添加糖漿，多到讓你高興為止。就像皇家基爾如果用優質香檳會更加美味一樣，茶越好，水果茶就越好。這樣的茶是純淨的，讓我開心。

下面是史凱的食譜之一，你可以自行製作。

草莓糖漿

Strawberry Syrup

◇ *1kg* 草莓

◇ *300g* 糖

煮草莓，一開始先攪拌，直到草莓開始分解，釋出果液。然後蓋上鍋蓋，小火慢燉。等到草莓完全碎裂即可。

用細棉布將過濾過夜。要趁水果是熱的，液體最能自由流動的時候開始。

這應該能讓你得到大約 ***400*** 到 ***500 ml*** 的水果原汁。把它和糖一起倒回鍋裡慢慢加熱，不時攪拌讓糖溶解。把糖漿加熱至 *95° C*，確保它已滅菌，這個溫度也熱得足以對它要放入的瓶子滅菌。如果出現泡沫，要在裝瓶前先把它撇除。

理想的茶湯

要把原葉茶泡出最佳風味，要控制三個要素：

1. 茶葉和水的比例
2. 溫度
3. 沖泡的時間

對於書中所提到的每一種茶，我都說明了我對最佳用量、溫度和泡茶時間的看法，但那只是我的偏好，並不是不容質疑的真理。請盡情自行實驗。

茶葉和水的比例

首先你得把適量茶葉放入茶壺，通常是每一茶杯二至二點五克：碎葉茶大約一茶匙，原葉茶大約兩茶匙的量。如果你像我一樣挑剔，可以用高精度校準，微毫克刻度的微量秤，保證它準確無誤。（茶和古柯鹼一樣昂貴，有的茶葉的價格更高。）這些秤很容易在出售廚房用具或藥物用具的地方買到。雖然這聽來似乎吹毛求疵，但卻有其道理。你越了解每一種茶葉的重量，就越容易處理。一旦你秤了幾次重量，就到了可以憑感覺來做的地步，就像調酒師可以隨意倒酒，而不必使用量酒器。

要茶味更濃郁，請用多一點茶葉，而不是延長泡茶的時間。最佳的風味溶解得相對較快。你用的茶葉越多，味道越濃。如果泡的時間長，只會產生更多的茶多酚，使茶味更苦，而非更濃。

請不要光是把茶壺裝滿水——事關比例。適量的茶需要適量的水。每二點五克茶葉加一百五十毫升（一個茶杯）的水。你可以用杯子由開水壺量水，放入泡茶壺中。

在做蛋糕時，我們要按照食譜，而不能隨意添加麵粉或雞蛋的數量。當然，你不必非這樣做不可，但如果比例不對，你就不太可能會做出美味的蛋糕。

水溫

水越熱，茶的茶多酚就越多。

茶多酚溶於沸水——攝氏一百度。但好的原葉茶中較柔潤甘甜的微妙風味溶解點較低。每一種茶的多酚、氨基酸和揮發物，對溫度各有不同的反應。由於茶葉複雜的化學結構，因此你需要一點精確度，才能得到你想要的味道。

如果你要在紅茶裡加牛奶，就需要強烈的茶多酚來平衡牛奶蛋白，因此你該用溫度只比沸騰的水略低一點的水來泡茶。但除此之外，不論任何茶，還有如洋甘菊的一些草本茶，都該用較低的水溫帶出更甜，更微妙的味道。這裡有一個重要的例外——茶包確實需要沸水才能沖出味道來，否則你會得到非常平淡無味的茶湯。

市面上有一些很好的溫控水壺。但如果你沒有資金，或者對這些時髦的用具還沒有信心，別擔心，你可以在沸水中加入冷水以控制溫度。你把茶葉放進茶壺，加少許冷水，然後再倒入沸騰的水。這方法簡單有效，而且只要你用過一次烹飪溫度計——測量達到理想溫度所需的沸水和冷水量，重複這麼做就很容易。

下面是個簡單的指南，適用於標準的一百五十毫升茶杯。我希望你不要認為這是在擺架子指導你，我只是覺得有些事情用實例會更容易理解。

如果要泡一杯茶，先把適量茶葉放進茶壺中——每杯 ***2.5*** 克。如果是原葉或較大片的茶葉，請用兩茶匙的茶葉。

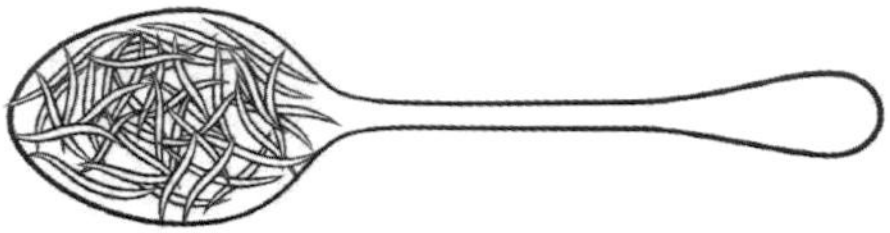

如果用的是較小片或碎茶葉，請用一茶匙。

如果要用 ***70° C*** 的水泡綠茶或白茶，在茶壺中加入 ***50 ml*** 的冷水。那約莫是八茶匙或調酒量杯兩杯的量。或者，我有時會用蛋杯的一半。

然後由開水壺中把 *100ml* 的沸水倒入茶壺：也就是三分之二杯。

如果要泡不加牛奶飲用的原葉紅茶，或條索狀的烏龍茶，使用 *85° C* 的水，由 *25 ml* 的冷水（約四茶匙或一杯調酒量杯）開始，然後加入 *125 ml* 沸水。

如果要泡球狀的烏龍茶，我會先用 *95° C* 的水，然後在後面幾泡時用它自然冷卻的水。在開始時，只需加入兩茶匙的冷水。

草本茶（除了洋甘菊以外）和加牛奶的紅茶可用 *100° C* 沖泡。

茶壺裡只要用適量的熱水即可。你可以用你的杯子來量水量——每一份茶葉用一杯水是完美的比例。

沖泡時間

短時間沖泡會泡出甘甜細膩的茶；長時間沖泡則會泡出較苦澀的味道。泡的時間越久，茶葉就會釋出更多的茶多酚。茶多酚需要時間和高溫才能溶解，提高茶葉和水的比例則會加快茶多酚釋出的速度。如果我為時間緊迫的廚師（他們的時間永遠都緊迫）泡茶，就會在茶壺裡加入更多茶葉，濃郁的味道迅速溶解，只要幾秒就可以沖泡出一杯好喝的茶——即使在水溫較低的情況下，只要我小心地量出恰到好處的茶葉量。

較低的溫度通常需要較長的沖泡時間，但會展現出更甜美、更細膩的味道。一杯攝氏七十度的白茶需要一至五分鐘才能泡好，時間長短取決於你的口味，但同樣地，你可用更多的茶葉加快沖泡的速度。

但好茶沖泡的速度比你想像的要快。茶葉必須長時間沖泡味道才會濃，這個想法其實是針對沒什麼味道的廉價茶葉，或者是大壺中的少量茶葉。如果是好的伯爵茶，不加奶飲用，只要四十五秒至一分鐘就夠了。即使要濃郁一點以平衡加入的牛奶，也不必超過兩分鐘。如果你不小心，茶多酚就會開始壓倒較細膩的味道。它們雖然仍然在那裡，但卻被覆蓋淹沒了。

回沖

一旦你的茶達到了你想要的濃度，請過濾所有的茶湯，留下茶葉。當你準備要喝第二泡時，只需重新把水裝滿茶壺即可。第二泡會比第一泡更美味。每一次注入新的水，水都會更深入地滲透到茶葉中，讓口味發展、變化。

一定要小心地把茶壺裡的茶湯全都倒出來。在中國，他們把壺嘴倒出的最後一滴茶湯稱為「黃金一滴」。這樣做可讓茶葉停止浸泡。如果茶葉上有水殘留，它就會繼續釋出味道，最後會釋出茶多酚。但如果你把壺裡的水瀝乾，停止浸泡，茶葉就可準備下一泡。

想像一下你有最完美的牛排。它來自稀有品種的牛，在鬱鬱蔥蔥的田野中精心飼養，用人工餵食橡實，人手撫摸著它的額毛。經過人道屠宰、細心切割，並懸掛足夠的時間熟成之後，它達到了美味的最高峰。你想要那塊牛排煮到半熟，而且有一位舉世聞名的廚師為你烹調。他投入情感精心烹製，達到盡善盡美的地步。但在他把它端給你之前，他把它切成兩半。他把一半的牛排送上來，另一半留在煎鍋裡。前半塊是人間美味，柔嫩多汁，可口得讓你熱淚盈眶。

如果你是素食主義者，想像一把蒸得完美的蘆筍，春天第一批美麗的嫩芽。一半的莖芽在正好達到最嫩的口感時上桌，剩下的一半則留在沸水裡。

等你吃完一半的牛排或蘆筍，剩下還留在鍋裡的另外一半可就不那麼美味了。牛排像皮革一樣，蘆筍則成了爛糊。

留在壺裡的茶葉也是如此，它沖泡過頭了。

但如果你在它達到完美之時停止沖泡，那麼你就可以反複重新加水沖泡茶葉。它味道的變化真的很奇妙，而且每一泡都會釋出細微差別的不同滋味。綠茶的第二或第三泡通常最好，遠比第一泡佳。至於烏龍，則甚至可能是第五泡。

你投入的愛和關懷越多，它的味道就會越好。

謝詞

Acknowledgements

我想感謝每一個以愛和仁慈包容我的人——但我真的太擔心會有遺漏。你們知道我，我太傻了。對不起，請原諒我。我愛你們。謝謝你們。

我非常感謝每一位讀到這裡的人。如果我繼續再花幾年時間寫這本書，我可能會寫出更好，更有力的作品。但對於我所認識和喜愛的農民的未來，和為了你喝茶的樂趣，有一種急迫感。所以我把它交給你了。

訪茶 : 一位英國女士的十五國覓茶奇遇 / 漢麗耶
塔 . 洛弗爾 (Henrietta Lovell) 著 ; 莊安祺譯 . -
- 初版 . -- 臺北市 : 大塊文化出版股份有限公
司 , 2023.04
面 ;　公分 . -- (mark ; 182)
譯自 : Infused : adventures in tea.
ISBN 978-626-7206-94-2(平裝)

1.CST: 洛弗爾 (Lovell, Henrietta) 2.CST: 茶葉
3.CST: 文化 4.CST: 旅遊文學 5.CST: 回憶錄

784.18　　112003374

中國 福建省 福鼎市

在我的尋茶冒險生涯之初，赴中國訪茶之旅。青春的愛戀。

新採摘的白毫銀尖。

兩葉一芽，最完美的採摘標準：春天最初的葉片，下一片葉子的芽位於其中，準備展開。

茶樹開出微小的花朵。茶樹把養分集中在它可愛的葉子而非花朵上。

中國　貴州

綠寶石茶。
我徜徉在茶樹間，撞見了一位老人的憂傷。

泰瑞．克拉克，生於 1919 年，二次大戰時擔任戰機領航員，是我畢生的摯愛——也是我的「皇家空軍茶」靈感來源。

在馬漢姆 (Marham) 皇家空軍基地的戰機飛行員。我們在這個基地的一架旋風戰鬥機機翼上啜飲我爲泰瑞調配的「皇家空軍茶」。

馬拉威　喬洛縣（Thyolo）塞特瓦莊園

由茶田到品茗室。極其豐富而多元的風土，還有我在整個訪茶生涯所見最美好的人。

南非　克蘭威廉 塞德堡山脈

佛瑞基．史特勞斯醫師騎馬去收成野生的南非國寶茶，爲的是保護非洲豹漫步其中的脆弱生態系統。

日本　京都縣 宇治市

茶樹在收成前最後幾周經過遮蔭，以生產最完美的茶葉，製作抹茶和玉露茶。

尼泊爾　月光茶園

在萎凋室，新鮮葉片舖放在此，以便釋出濕氣，讓葉片鬆弛，然後再製作成最美味的紅茶。

採茶姑娘把全身包得密不透風，避開毒辣的太陽。

新鮮的茶葉放在籮筐上萎凋，再經揉捻烘焙製成烏龍茶。

品嘗並選擇成品。

諾瑪餐廳設在東京文華東方酒店的臨時店。他們在這短短的六周內，創造了出類拔萃的世界中的世界。

甜點師羅西奧·桑琪絲（Rosio Sanchez）和諾瑪的主廚兼老闆瑞內·雷澤比舉杯祝福。

和侍酒師金子幸保一起，確定茶泡得恰到好處。

紐約柏油村石倉，藍山餐廳。

舉世最棒的麵包大師理查·哈特在舊金山唐緹烘焙坊裡向我展示繩結麵包。

加州索諾瑪縣紅木森林，我們在這裡測驗我的普洱茶理論。

印度　梅加拉亞邦 雷克休莊園

茶園之美往往掩蓋了它背後極度辛勤的工作。

採茶姑娘發現了一個虎頭蜂窩。

巴黎

茶和魚子醬的配對——不同種類的鱘魚和不同的成熟度。每一種都搭配熱和冷泡茶。這工作一點都不辛苦。

印度 錫金

泰米茶園的少女跳舞慶祝我的生日。

採茶姑娘在地上休息。

中國　福建 武夷山

用來熏製茶葉的古老木屋。

在保育林深處，用松木熏製正山小種茶。

挪威北極區　諾斯克特

在太陽永遠不會由地平線升起的十二月正午微光之中，羅迪．史隆爲我潛水捕撈可以配茶的貝類。

中國　浙江省 杭州

龍井茶之鄉。

布雷特．梅特勒為我設計的黃色皮革「甲胄」洋裝。

美國　路易斯安納

吉姆．米漢在紐奧良為晚宴製作以茶為底的潘趣酒。

日本

森內太太在她位於靜岡的茶園，我們邊喝茶邊用手機翻譯應用程式閒聊。

斯里蘭卡

在斯里蘭卡搭火車旅行。

採茶姑娘在拉瓦那瀑布上方的安巴茶園收成。

墨西哥

Toronjil（茴香牛膝草）

傳奇食物作家戴安娜·甘迺迪，在她墨西哥米卻肯的家裡。

西班牙

在西班牙塔拉戈納由馬可納杏仁樹上採收花朵。

中國

在中國安溪種植鐵觀音的山坡上。

在中國福建採摘茉莉花。

用新鮮的茉莉花爲銀毫茶葉添香。

LOCUS

LOCUS